T0282032

PLUTARCO

SOBRE LA
AMISTAD

Y CÓMO SACAR
PROVECHO DE
LOS ENEMIGOS

PLUTARCO

SOBRE LA
AMISTAD

Y CÓMO SACAR
PROVECHO DE
LOS ENEMIGOS

Traducción de **Concepción Morales Otal**
Ilustraciones de **Diego Mallo**

ALMA ✕ PENSAMIENTO ILUSTRADO

Títulos originales:
Πώς αν τις διακρίνοιε τον κόλακα του φίλου
(Quomodo adulator ab amico internoscatur),
Πώς αν τις υπ' εχθρών ωφελοίτο
(De capienda ex inimicis utilitate),
Περί πολυφιλίας (De amicorum multitudine)

© de esta edición:
Editorial Alma
Anders Producciones S.L., 2023
www.editorialalma.com
 @almaeditorial

© de la traducción: Concepción Morales Otal

© de las ilustraciones: Diego Mallo, 2023

Diseño de la colección: Estudi Miquel Puig
Diseño de cubierta: Estudi Miquel Puig
Realización editorial: La Letra, S.L.

ISBN: 978-84-19599-16-2
Depósito legal: B 12834-2023

Impreso en España
Printed in Spain

ÍNDICE

PRESENTACIÓN

Pocos conceptos relacionados con las relaciones humanas han suscitado más preguntas y continúan rodeados de más interrogantes que la amistad. ¿En qué consiste? ¿Dónde radica su singularidad? ¿Es una idealización utópica? ¿Una herencia cultural, quizá? ¿Por qué resulta tan anhelada? ¿No será que todas estas cuestiones no son más que una forma de cuestionar nuestro comportamiento, de analizar nuestra forma de actuar respecto a los demás e incluso con nosotros mismos? Sea como sea, los textos plutarquianos ofrecen respuestas. Y encontrarlas hoy en estas obras, escritas hace veinte siglos, es también una forma de sintonizar con nuestro pasado y de comprobar su vigencia y universalidad.

Plutarco (*c.* 46-120) nació en el seno de una familia pudiente, gracias a la cual pudo estudiar filosofía, retórica y matemáticas en la Academia de Atenas, además de realizar numerosos viajes por el Mediterráneo. La mayor parte de su vida, sin embargo, la pasó en Queronea (Beocia), donde fue iniciado en los misterios del dios Apolo y ocupó el cargo de sacerdote mayor en el Oráculo de Delfos, como encargado de interpretar los augurios. Escribió numerosas obras en torno a la filosofía y la historia y fue, además, una persona muy activa social y políticamente, que llegó a ocupar cargos de poder en una época en que las *polis* griegas se encontraban en decadencia. Los pilares de aquella civilización que había visto su máximo esplendor en el período helenista empezaban a tambalearse en una Grecia ya romana, y en la que los individuos, los ciudadanos, tenían cada vez menos poder ante el creciente autoritarismo institucional. En este contexto cabe situar sus famosas *Vidas paralelas*, en las que compara a un personaje griego y romano ilustre.

Pero por lo que fue más querido y reconocido el filósofo fue por fundar y mantener en su ciudad un espacio de debate y discusión entre amigos y familiares, a imagen y semejanza de la célebre Academia de Platón. Y es precisamente en el seno de ese lugar de encuentro y de ese contexto de ebullición, fértil en relaciones humanas, de donde surgen sus mayores escritos: los posteriormente recogidos en los llamados *Moralia* o *Escritos morales*, en los que aborda los más diversos temas. Uno de estos es la cuestión de la amistad, que Plutarco disecciona en los tres textos aquí reunidos: *Cómo sacar provecho de los enemigos, Cómo distinguir a un adulador* y *Sobre la abundancia de amigos*.

Los tres —y, en verdad, gran parte de la filosofía antigua— están recorridos por una máxima, premisa esencial para entender cualquier otra, a saber, el socrático *nosce te ipsum*: «conócete a ti mismo». A partir de aquí, más que definir y referir las ventajas y bondades del amigo, las obras quieren enseñarnos a discriminar la auténtica amistad de aquella que es fraudulenta. Y así, siguiendo el orden de presentación:

· La primera señala la importancia de escuchar a los enemigos, pues a menudo son estos quienes saben detectar nuestras debilidades y puntos flacos, a partir de los cuales podemos aprender y mejorar.

· La segunda nos advierte de la amenaza que acecha siempre en nosotros mismos, pues por culpa del amor propio muchas veces acabamos rendidos ante las dulzuras envenenadas del adulador, que aprovecha cualquier oportunidad para sacar provecho.

· El autor, pues, está instando a que estemos atentos ante las trampas y los peligros de quienes solo simulan la amistad, concepto este al que dedica el tercer y último tratado, un encomio sobre las grandezas de este preciado bien que exige espacio, tiempo y cuidado.

En un mundo tan convulso como el que vivió el propio Plutarco, en nuestro actual contexto de posverdad, globalización y flujo de comunicación constante, en un momento plagado de embaucadores y falsos amigos, en una época repleta de cosas que hacen más difícil el conocimiento de qué es lo real, dónde está la franqueza, la sinceridad, el cuidado, la verdadera amistad… en esta época quizá más que nunca convenga detenerse un ápice, sentarse ante un libro, viajar a un tiempo remoto y escuchar una voz mediante la cual nos demos cuenta de que aquel sigue siendo nuestro tiempo y de que, antes que nada, debemos conocernos a nosotros mismos para poder entender y relacionarnos mejor con los demás.

1

CÓMO SACAR PROVECHO DE LOS ENEMIGOS

1

Veo, querido Cornelio Pulcro,[1] que has elegido la forma más suave de la administración del Estado: siendo muy provechoso a los asuntos públicos, en privado te muestras amable con los que tienen trato contigo. Porque es posible encontrar un país sin animales salvajes, como se cuenta de Creta,[2] pero hasta ahora no ha existido un Estado que no produzca envidia, celo o rivalidad, pasiones que son las más capaces de engendrar la enemistad. Más aún, nuestras amistades nos enlazan con enemistades, y entendió esto también el sabio Quilón,[3] quien a uno que decía que no tenía ningún enemigo

---

1. Probablemente se trata de Gnaeus Cornelio *Pulcher,* que fue procurador en Acaya hacia los últimos años de la vida de Plutarco y a quien el autor desea dar una serie de consejos. (Véase *Corpus Inscriptionum Graecarum* I 1186.)

2. Varios escritores de la Antigüedad repiten esta creencia. (Véase, por ejemplo: Plinio, *Historia natural* 83.)

3. Citado igualmente más adelante (p. 134) y véase también Aulio Gelio, *Noches áticas* I 3.

le preguntó si no tenía tampoco ningún amigo. Y me parece que le conviene al hombre de Estado observar las otras cosas en torno a los enemigos, y escuchar a Jenofonte cuando dice, no de pasada, que es propio de un hombre inteligente sacar provecho incluso de los enemigos.[4] Por ello te envío esto que se me presentó la oportunidad de decir sobre este asunto muy recientemente y que he reunido casi con las mismas palabras, guardándome, en lo que he podido, de no tocar las cosas escritas en mis *Preceptos políticos*,[5] ya que veo que aquel libro siempre lo tienes en las manos.

2

A los antiguos les bastaba con no ser atacados por animales extraños y fieros para dar fin a sus luchas contra los animales salvajes. Pero sus sucesores han aprendido ya a usarlos y les sacan también provecho, alimentándose con sus carnes y vistiéndose con su pelaje; curándose con su hiel y con su leche cuajada, y armándose con sus pieles, de tal forma que es justo temer que, si le hubieran faltado los animales al hombre, su vida se habría vuelto salvaje y ruda.[6] Por tanto, puesto que es suficiente para los demás el no sufrir mal alguno por parte de los enemigos, y Jenofonte dice que el hombre inteligente saca provecho incluso de los que difieren de él, no se debe desconfiar;[7] por el contrario, hay que buscar el método y el arte a través de los cuales

---

4. *Económico* I 15.

5. Obra incluida en *Moralia* 798A-825F.

6. *Moralia* 964A.

7. *Económico* I 15; véase también *Ciropedia* I 6, 11.

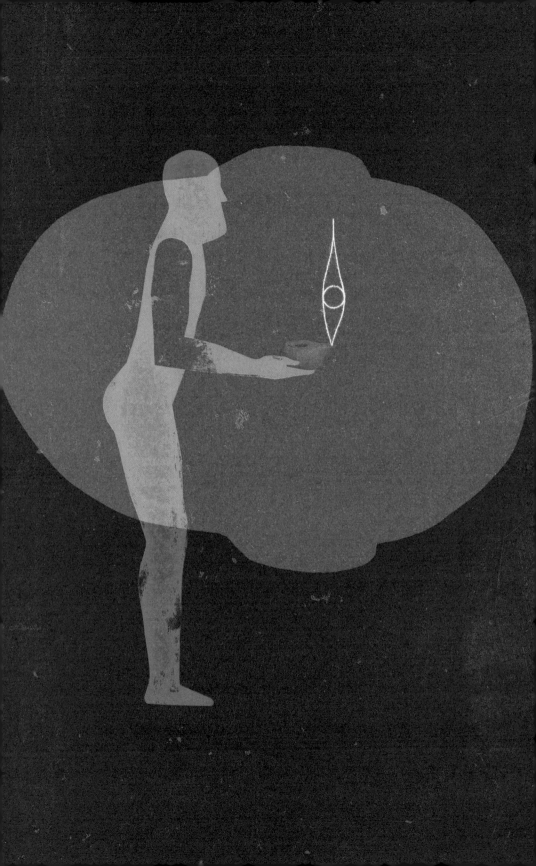

este bien pueda ser alcanzado por aquellos a los que les es imposible vivir sin enemigos. El agricultor no puede cultivar cualquier árbol, ni el cazador domesticar cualquier animal salvaje. Así, han procurado sacarles provecho según la necesidad de unos y de otros: el agricultor, de los árboles que no dan fruto, y el cazador, de los animales salvajes. El agua del mar no es potable y es mala, pero alimenta peces y es un medio que conduce a todas partes, y, para los viajeros, un vehículo capaz de transportarlos. Cuando el sátiro quiso besar y abrazar el fuego, al verlo por primera vez, le dijo Prometeo:

tú, macho cabrío, después llorarás por tu barba;[8]

pues el fuego quema al que lo toca, pero proporciona luz y calor y es instrumento de todo arte para los que han aprendido a usarlo. Mira también al enemigo, aunque sea perjudicial en las otras cosas y difícil de manejar, por si es provechoso y si de alguna forma presenta algún asidero o alguna utilidad particular. También la mayoría de las cosas son hostiles, odiosas y enemigas para los que las tratan; pero ves que hay quienes usaron de las enfermedades de su cuerpo para su ocio, y los trabajos que les sobrevinieron a muchos les dieron fuerzas y los ejercitaron. Algunos, como Diógenes[9] y

---

8. De Esquilo, *Prometeo portador del fuego*. (Véase August Nauck, *Tragicorum Graecorum Fragmenta* —en adelante *Trag. Graec. Frag.*—: *Esquilo*, n.º 207.) Esto que se dice del sátiro se ajusta también a lo que se atribuye a los naturales de América, cuando los europeos llevaron por primera vez el fuego a sus territorios: encantados por su brillo, se aproximaron para tocarlo y lo tomaron por un animal que mordía.

9. Se refiere a Diógenes de Sínope (400-325 a. C.), expulsado de su ciudad acusado de falsificar moneda y que una vez en Atenas se dedicó a desfigurar la «moneda» de las costumbres y la moralidad. Fundó la escuela de los cínicos. (Véase Diógenes Laercio, VI 20 ss.)

Crates,[10] hicieron del destierro de la patria y de la pérdida de riquezas viático para el ocio y para la filosofía. Zenón, cuando se enteró de que se rompió un navío fletado por él, dijo: «¡Oh destino!, haces bien al reducirnos al manto raído».[11] Pues, igual que los animales fuertes de estómago y sanos, si comen culebras y escorpiones, los digieren, y que hay quienes se alimentan con piedras y conchas que transforman a través de la fuerza y el calor de su aliento, o que los delicados y enfermos, si se llevan a la boca pan y vino, se marean, del mismo modo los necios destruyen las amistades. En cambio, los prudentes pueden usar convenientemente incluso las enemistades.

3

En primer lugar, por tanto, me parece que lo más perjudicial de la enemistad podría convertirse en lo más provechoso para los que le prestan atención. ¿Qué significa esto? El enemigo está siempre acechando y velando tus cosas y buscando la ocasión por todas partes, recorriendo sistemáticamente tu vida, no mirando solo a través de la encina, como Linceo,[12] ni a través de ladrillos y piedras,

---

10. Un discípulo del anterior. (Véase Diógenes Laercio, VI 85 y más adelante, p. 100.)

11. Se trata de Zenón de Citio (Chipre), discípulo de Crates. (Citado, de nuevo, en *Moralia* 467D y 603D. Véase también Diógenes Laercio, VII 5, y Séneca, *Sobre la tranquilidad del alma* XII.)

12. Hermano de Idas e hijo de Afareo. Participó en la cacería de Calidón y en la expedición de los Argonautas, donde fue utilizado por la agudeza de su vista. Veía, por ejemplo, a través de una tabla de madera.

sino también a través de tu amigo, de tu siervo y de todos tus familiares, indagando, en lo que es posible, lo que haces, y escudriñando y explorando tus decisiones. Pues muchas veces, por nuestro abandono y negligencia, no nos enteramos de que nuestros amigos están enfermos y se mueren, pero de los enemigos nos ocupamos incluso de sus sueños. Las enfermedades, los préstamos y las diferencias con las mujeres pasan más desapercibidos a quienes están cerca que al enemigo. Sobre todo está pendiente de los yerros y sigue sus huellas. Y así como los buitres son arrastrados por los olores de los cuerpos muertos pero no captan el olor de los limpios y sanos, así las cosas enfermas, malas y dolorosas de la vida mueven al enemigo, y contra estas se lanzan los que nos odian, las atacan y las despedazan. Por tanto, ¿es esto provechoso? Sin duda lo es, procurando vivir con precaución y preocupándose de uno mismo, y tratando de no hacer ni decir nada con indiferencia e irreflexivamente, sino siempre mantener cuidadosamente, como en un régimen severo, la vida irreprensible. Pues el cuidado, que así reduce las pasiones y conserva el razonamiento, produce una costumbre y una resolución de vivir bien e irreprochablemente. Y, así como las ciudades castigadas por las luchas con los vecinos y las expediciones militares continuas se contentaron con unas buenas leyes y un gobierno sano, del mismo modo los que son obligados por algunas enemistades a ser sobrios en su vida y a guardarse de ser negligentes y confiados y hacer cada cosa con utilidad, sin darse cuenta son llevados por la costumbre a no cometer ninguna falta y a ordenar su conducta, por poco que la razón les ayude. Pues el dicho:

ciertamente se alegrarían Príamo y los hijos de Príamo,[13]

(Véase *Moralia* 1083D, Píndaro, *Nemeas* X 60, Horacio, *Cartas* I 1, 28, y Pausanias, IV 2.)

13. Homero, *Ilíada* I 255.

a estos que siempre lo tienen a mano, los vuelve, los desvía y los aleja de aquellas cosas de las que sus enemigos se alegran y se ríen. Y vemos que los artistas dionisíacos[14] muchas veces contienden entre ellos con negligencia en los teatros, sin ánimo y sin esmero. Pero cuando existe contienda y porfía con otros, no solo se cuidan de estar más atentos ellos mismos, sino que también se cuidan más de su instrumento, tensando las cuerdas y ajustando y tocando sus flautas con gran armonía. Por eso el que ve que su enemigo es un rival de vida y fama pone más atención en sí mismo, examina con cuidado sus acciones y ordena su vida. También esto es propio del vicio: avergonzarse ante los enemigos más que ante los amigos por los errores que cometemos. De aquí que Nasica,[15] cuando algunos creían y decían que los asuntos de los romanos estaban seguros después de haber aniquilado a los cartagineses y sometido los aqueos, dijo: «Precisamente ahora estamos en peligro, pues no hemos dejado a quién temer ni ante quién avergonzarnos».

4

Además, toma aún el dicho de Diógenes, muy propio de un filósofo y un político:[16]

---

14. Los artistas, actores y músicos, que en las Fiestas Dionisíacas de Atenas competían entre sí.

15. P. Escipión Nasica, hijo de Gnaeus Escipión. (Véase Tito Livio, XXIX 14.)

16. Citado también en *Moralia* 21E.

—¿Cómo me podré vengar de mi enemigo?
—Siendo tú mismo bueno y honrado.

Los hombres se afligen cuando ven que los caballos de los enemigos son celebrados y sus perros alabados. Si ven cultivado su campo o su jardín florido, se lamentan. ¿Qué crees, pues, que harán si te muestras como un hombre justo, sensato y bueno, celebrado en los discursos, limpio en tus obras, ordenado en tu género de vida,

cultivando a través de tu pensamiento,
rica sementera de la que brotan prudentes consejos?[17]

«Los hombres vencidos están atados con un silencio de muerte», dice Píndaro,[18] pero no sencillamente todos, sino cuantos se ven a ellos mismos vencidos por sus enemigos en solicitud, honradez, magnanimidad, humanidad y favores. Estas cosas «retuercen la lengua», dice Demóstenes,[19] «cierran la boca, ahogan y hacen callar».

Tú, por tanto, distínguete de los malos,
ya que te es posible.[20]

Si quieres afligir al que te odia, no lo taches de hombre degenerado ni cobarde ni libertino ni bufón ni innoble, sino sé tú mismo un hombre, muéstrate moderado, sincero, y trata con amabilidad y justicia a los que tienen trato contigo. Pero, si eres empujado a censurar, ponte a ti mismo muy lejos de las cosas que tú censuras. Penetra

---

17. Esquilo, *Siete contra Tebas* 593-594. (Citado también en *Moralia* 32D, 186B, y en *Vida de Arístides* 3 320B.)

18. *Pindari Carmina cum deperditorum fragmentis selectis*, ed. W. Christ, 229.

19. Demóstenes, IX, *Sobre la embajada* 208.

20. Eurípides, *Orestes* 251.

en tu alma, examina tus puntos débiles, no sea que algún vicio, desde alguna parte, te diga suavemente lo de aquel escritor de tragedias:

estando tú mismo lleno de llagas,
eres médico de otros.[21]

Si le llamas ineducado, aumenta en intensidad tu amor al estudio y al trabajo; si cobarde, muestra más tu valentía y tu audacia; y si libertino y desesperado, borra de tu alma cualquier huella de amor por el placer de que haya pasado desapercibida. Pues nada hay más vergonzoso ni doloroso que la blasfemia que se vuelve contra el que ha blasfemado; así como parece que la reverberación de la luz molesta más a los ojos enfermos, también dañan más los reproches que se vuelven, a causa de la verdad, contra quienes los hacen. Pues así como el viento del Nordeste arrastra las nubes, también la vida mala arrastra sobre sí misma los reproches.[22]

5

Así pues, Platón, cuantas veces se encontraba con hombres que obraban torpemente, volviéndose hacia sí mismo, solía decir:

---

21. De una obra desconocida de Eurípides. (Véase Nauck, *Trag. Graec. Frag.: Eurípides,* n.º 1086; citado también más adelante, p. 107, y en *Moralia* 481A y 1110E.)

22. Proverbio. (Véase Aristóteles, *Problemas* 26, 1; Teofrasto, *Sobre los vientos* 410; Plinio, *Historia natural*; *Moralia* 823B, y Nauck, *Trag. Graec. Frag.: Adesp.,* fr. 75.)

«¿Seré yo acaso igual que ellos?».[23] El que censura la vida de otro, si enseguida observa su propia vida y la cambia hacia lo opuesto, enderezándola y corrigiéndola, sacará algún provecho de esa censura, que, de lo contrario, parece ser, y lo es, inútil y vacía. Por eso, la mayoría se ríe si el calvo o el jorobado censuran y se mofan de otros por las mismas razones, y, en general, es risible censurar y mofarse de cualquier cosa que puede devolverle la censura a uno mismo. Como León el Bizantino, quien, tras ser injuriado por un jorobado por la enfermedad de sus ojos, le dijo: «Tú me echas en cara una desgracia humana, cuando llevas a tus espaldas la venganza divina».[24] Y bien, no injuries a otro por adúltero, si tú mismo tienes afición por los jóvenes; ni por desordenado, si tú mismo eres ruin:

tú eres de la misma estirpe de la mujer que mató a su marido,

le dijo Alcmeón a Adrasto. ¿Qué hacía, en verdad, este? No le echaba en cara la injuria de otro, sino la suya propia:

y tú eres el asesino de la madre que te engendró.[25]

Y Domicio[26] dijo a Craso:[27] «¿No lloraste tú por la murena que alimentabas en tu vivero?».[28] Y Craso respondió: «¿No enterraste tú a

---

23. Esta reflexión de Platón se encuentra citada también en *Moralia* 40D, 129D y 463E.

24. Otra versión algo distinta la hallamos en *Moralia* 633C.

25. Del *Alcmeón* de Eurípides. (Véase Nauck, *Trag. Graec. Frag.: Adesp.*, fr. 358.)

26. Gnaeus Domicio Ahenobarbo, siglos II-I a. C., cónsul en el año 96 y censor en el 92 con L. Licinio Craso.

27. No el triunviro, sino su tío.

28. La *murena* o *morena* era un pez parecido a la anguila y el de Craso

tres mujeres sin derramar una sola lágrima?». No es necesario que el que vaya a injuriar sea gracioso, de voz potente y audaz, sino irreprochable e intachable. Pues la divinidad a nadie parece ordenar tanto su «conócete a ti mismo» como a aquel que va a censurar a otro, para que, por decir lo que quiere, no haya de escuchar lo que no quiere. Ciertamente, una persona de este tipo «quiere», según Sófocles,

> [*soltando su lengua vanamente*,] *oír involuntariamente*
> *aquellas palabras que dice voluntariamente*.[29]

6

Por tanto, este es el provecho y la utilidad que se saca de ultrajar al enemigo; pero no menos provecho se saca de lo contrario: de ser ultrajado y de que hablen mal de uno los enemigos. Por eso, Antístenes[30] dijo muy bien que los que quieren salvarse necesitan auténticos amigos o enemigos ardientes: los unos amonestan a los que se equivocan, y los otros, al censurarlos, los alejan del error. Y puesto que ahora la amistad es de voz débil, cuando habla

---

se hizo famoso. Plutarco habla dos veces más de ello: en *Moralia* 811A y en 876A. (Véase también Eliano, *De la naturaleza de los animales* VIII 4.)

29. De una pieza desconocida. (Véase Nauck, *Trag. Graec. Frag.: Sófocles*, fr. 43.)

30. Discípulo de Sócrates considerado el fundador de la escuela filosófica de los cínicos. En otros manuscritos, así como más adelantes, p. 115, y en *Moralia* 82A, el dicho aparece atribuido a Diógenes.

con franqueza, y su lisonja es locuaz y su amonestación muda, se debe oír la verdad de boca de los enemigos. Y, así como Télefo, al no encontrar un médico conveniente, ofreció su herida a la lanza enemiga,[31] del mismo modo es necesario que los que carecen de una persona amiga que les amoneste soporten la palabra del enemigo que los odia, si muestra y reprende su vicio, considerando el hecho, pero no la intención del que habla mal de ellos. Pues, igual que el que pensaba matar a Prometeo el tésalo[32] golpeó con su espada el tumor[33] y lo abrió de tal forma que el hombre se salvó y se liberó del tumor reventado, con frecuencia la injuria que se hizo por ira o enemistad curó un mal del alma, desconocido o descuidado. Pero la mayoría de los que son injuriados no miran si lo que se dice les es aplicable, sino qué otra cosa es aplicable al que injuria, y, como luchadores que no se limpian el polvo, así ellos no se limpian los ultrajes; se salpican unos a otros y, en consecuencia, se manchan y ensucian unos a otros al caer. Conviene que el que oye hablar mal de sí al enemigo se libere de su falta con más cuidado que de la mancha que tiene en su ropa y que le ha sido mostrada. Y, si alguno habla de faltas que no existen, debemos, no obstante, buscar la causa por la que pudo surgir la blasfemia y cuidarnos y temer, no sea que, sin darnos cuenta, hayamos cometido una falta cercana o parecida a la que se dice. Así, el peinado de su cabello y su paso demasiado delicado hicieron caer a

---

31. Porque la herida que le había hecho Aquiles solo podía curarse con la lanza que la había causado. Anécdota incluida, entre otros, en *Moralia* 46F; Propercio, II 63; Ovidio, *Tristia* V 1, 15.

32. Al parecer un sobrenombre de Jasón de Feras, el tirano de Tesalia del siglo IV a. C. Otros autores recogen la historia atribuyéndola a Jasón: Cicerón, *Sobre la naturaleza de los dioses* III 28 (70); Plinio, *Historia natural* VII 51, y Valerio Máximo, I 8, ext. 6. (Véase Jenofonte, *Helénicas* II 3, 36.)

33. El tumor de Prometeo.

Lacedes, el rey de los argivos, en sospechas de afeminamiento; y a Pompeyo, que estaba lejos de ser amanerado y libertino, su forma de rascarse la cabeza con un solo dedo.[34] Craso fue acusado de acercarse a una de las vírgenes vestales, porque, queriendo comprarle una hermosa finca, con frecuencia se hallaba con ella en privado y le hacía la corte.[35] Y a Postumia,[36] su risa pronta y su charla demasiado atrevida con los hombres la hicieron tan sospechosa que fue acusada de disoluta. Se la halló, en efecto, libre de esta culpa; sin embargo, al soltarla, el pontífice máximo Espurio Minucio,[37] le recordó que no usara palabras más desvergonzadas que su propia vida. Y Pausanias a Temístocles,[38] que era inocente, le hizo caer en la sospecha de traición por tratarlo como amigo, y escribirle y enviarle mensajes constantemente.

7

Por tanto, siempre que se ha dicho algo que no es verdad, no se debe mostrar desprecio y despreocupación porque sea una mentira, sino considerar cuál de las cosas dichas o hechas por ti, de tus

---

34. Esta costumbre de Pompeyo se cita también en *Moralia* 800D, en la *Vida de Pompeyo* 48 (645A), y en la *Vida de César* 4 (709B).

35. Más completa, esta historia se halla en Plutarco, *Vida de Craso* 1 (543B).

36. Una virgen vestal. (Véase Tito Livio, IV 44.)

37. *Pontifex Maximus* en Roma en el año 418 a. C.

38. Tucídides, I 135. (Véase también Plutarco, *Vida de Temístocles* 23 123C.)

ocupaciones o relaciones, ha ofrecido el parecido para la calumnia, y guardarse cuidadosamente de esto y evitarlo. Pues, si otros, al verse envueltos en hechos no deseados, sacan de ellos una lección provechosa como dice Mérope,

el destino, de mis cosas tomando como honorario
lo más querido por mí, me hizo sabia,[39]

¿qué nos impide, tomando al enemigo como maestro gratuito, sacar provecho y aprender alguna de las cosas que desconocemos? Es mucho lo que percibe mejor el enemigo que el amigo, ya que «el amante se ciega ante el amado», como dice Platón,[40] pero con el odio se halla junto con la curiosidad también el charlar. Hierón fue ultrajado por uno de sus enemigos a causa del mal olor de su boca.[41] Cuando llegó a su casa le dijo a su mujer: «¿Qué dices? ¿Tampoco tú me hablaste de esto?». Ella, que era virtuosa e inocente, le contestó: «Yo creía que todos los hombres olían así». Así también las cosas que son perceptibles y claras a todo el mundo es posible aprenderlas antes de los enemigos que de los amigos y familiares.

---

39. Eurípides, *Cresfonte* (Nauck, *Trag. Graec. Frag.*: *Eurípides,* fr. 458).

40. *Leyes* 731e. (Véase *Moralia* 1000A y, más adelante, pp. 37 y 43.)

41. Famoso tirano de Siracusa del siglo iv a. C. Entre otras fuentes, la historia aparece también en *Moralia* 175B. Algún autor la atribuye a su hermano Gelón, el otro tirano de la misma ciudad siciliana.

8

Fuera de esto, el dominio sobre la lengua no es una parte pequeña de la virtud, pues no es posible tenerla siempre sumisa y obediente a la razón, a no ser que uno someta con ejercicio, cuidado y laboriosidad las peores de sus pasiones, como, por ejemplo, la cólera. Así, «la voz que es expulsada sin querer» y «la palabra que se escapó del cerco de los dientes», y aquello de que «algunas palabras vuelan por sí solas»[42] son cosas que ocurren principalmente a los ánimos no ejercitados, que resbalan y se pierden a causa de la debilidad de espíritu por una opinión obstinada, por un temperamento audaz. Y un castigo muy fuerte sigue a una palabra, la cosa más ligera, según el divino Platón,[43] de parte de los dioses y de los hombres. Pero el silencio es, en todas partes, algo que no tiene que dar cuenta (no es solo bueno para la sed, como dice Hipócrates),[44] y que en los ultrajes es respetable y socrático, más aún, heracleo, si es verdad que Heracles

no hacía más caso a las palabras odiosas que a una mosca.[45]

Ciertamente, nada hay más digno y más hermoso que mantener la calma ante un enemigo que nos injuria «como si pasáramos nadando junto a una roca lisa, así pasaremos junto al aficionado a

---

42. Expresiones repetidamente utilizadas por Homero. (Véase, por ejemplo, *Ilíada* IV 350 y *Odisea* I 64.)

43. *Leyes* 717c y 935a. Citado, de nuevo, en *Moralia* 456D y 505C.

44. Famoso médico griego de Cos (469-399 a. C.), contemporáneo de Sócrates. (Véase *Moralia* 515A.)

45. De autor desconocido.

injuriar»,[46] y no existe otro entrenamiento mayor. Pues, si te acostumbras a sufrir en silencio al enemigo que te injuria, soportarás muy fácilmente la cólera de tu mujer cuando hable mal de ti; aguantarás tranquilamente cuando escuches las expresiones más duras del amigo y del hermano, y te presentarás a tu padre y a tu madre sereno y sin ira cuando seas golpeado o herido por ellos. Así Sócrates soportaba a Jantipa,[47] que era una mujer irascible y difícil, pensando que, si se acostumbraba a hacerlo, su trato con los demás sería muy fácil. Es mejor que, ejercitándote con las indecencias, iras, burlas y ultrajes de los enemigos y extraños, acostumbres tu ánimo a ser paciente y a no indignarte cuando seas injuriado.

9

Por tanto, se ha de mostrar así mansedumbre y paciencia con las enemistades y también generosidad, magnanimidad y honradez, más que con las amistades. Pues hacer bien a un amigo no es tan hermoso como es vergonzoso no hacerlo cuando lo necesita. Es bueno también el desaprovechar tomar venganza del enemigo cuando se ofrece la oportunidad. Pues un hombre que se compadece del enemigo que sufre una desgracia y que le socorre cuando está necesitado, que muestra diligencia y afecto para con los hijos y los familiares del enemigo cuando se encuentran en alguna necesidad, a este hombre, el que no lo admira por su bondad ni alaba por su honradez, ese

---

46. De autor desconocido.
47. Mujer de Sócrates. (Jenofonte, *Banquete* II 10.)

tiene su negro corazón forjado de diamante o de hierro.[48]

A César, cuando mandó levantar de nuevo las estatuas de Pompeyo que habían sido echadas abajo, Cicerón le dijo: «Restauraste las estatuas de Pompeyo, y las tuyas las consolidaste».[49] De aquí que no se deba descuidar la alabanza ni la honra de un enemigo cuando este es celebrado justamente. Así, el que alaba se procura las mayores alabanzas e inspira confianza en otras ocasiones cuando acusa, pues no lo hace porque odie al hombre, sino porque rechaza su acción. No hay nada más bello y provechoso que una persona que se ha acostumbrado a alabar a sus enemigos y a no molestarse ni mirarlos con envidia si les va bien; esta está muy lejos de envidiar a los amigos que son felices y a los familiares que tienen éxito. Sin embargo, ¿qué otro entrenamiento podrá proporcionar una mayor utilidad a nuestras almas o una inclinación más poderosa que el que nos quite nuestro celo y envidia?

Igual que muchas cosas en la guerra son necesarias, aunque en otras circunstancias son malas, cuando adquieren la fuerza de una costumbre y de una ley no son fáciles de rechazar por las personas aunque les sean perjudiciales; del mismo modo la enemistad, que juntamente con el odio lleva a la envidia, deja tras de sí celo, gozo por el mal de los otros y venganza. Y, además de estas cosas, también malicia, engaño y maquinación, que no parecen malas ni in-

---

48. Parte de un extenso fragmento de Píndaro: *Pindari Carmina cum deperditorum fragmentis selectis*, ed. W. Christ, *Fr.* 123. (Citado también en *Moralia* 558A.)

49. Historia repetida en *Moralia* 205D, *Vida de César* 57 (734E) y *Vida de Cicerón* 40 (881D). (Véase también Suetonio, *César* 75.) Cicerón hace en su discurso a favor de Marcelo un elogio a la generosidad con la que César acogió a este exiliado, uno de los más fervientes seguidores de Pompeyo que durante largo tiempo no aceptó la reconciliación con el dictador.

justas si se emplean contra un enemigo, si logran arraigo, permanecen sin que uno pueda librarse de ellas. Después, estos mismos hombres, si no se cuidan de usarlas contra sus enemigos, las emplean, además, contra sus amigos por la fuerza de la costumbre. Por tanto, si Pitágoras tenía razón cuando intentaba acostumbrar a los hombres a alejarse de la crueldad y la avaricia en su relación con los animales irracionales, intercediendo ante los cazadores de aves, mandando soltar los peces aun después de comprar las redes y prohibiendo la muerte de cualquier animal doméstico,[50] es cosa mucho más noble ser un enemigo honrado, justo y sincero en las disputas y rivalidades con los hombres, y castigar y humillar las pasiones perversas, viles y malvadas, para permanecer firme y abstenerse de hacer mal en todos los contratos con amigos.

Escauro[51] era enemigo y acusador de Domicio.[52] Antes del juicio llegó hasta él un esclavo de Domicio con la intención de descubrirle algún secreto, mas él no le dejó hablar y, agarrando al esclavo, lo envió de nuevo a su amo. Y a Catón,[53] que perseguía a Murena[54] a causa de su demagogia y andaba recogiendo pruebas, le seguían de

---

50. Véase *Moralia* 729E, Porfirio, *Vida de Pitágoras* XXV y Jámblico, *Vida de Pitágoras* XXXVI.

51. M. Emilio Escauro, *Princeps Senatus,* contemporáneo de Gnaeus Domicio Ahenobarbo, de los siglos II-I a. C.

52. Véase la nota 26 y, sobre estos mismos hechos, Cicerón, *Discurso en favor del rey Deiotaro* II, 31.

53. M. Porcio Catón, llamado Catón el Uticense o Catón el Joven (95-46 a. C.), cuya vida relataría el propio Plutarco.

54. L. Lucinio Murena, del siglo I a. C. Sirvió bajo Lúculo en la tercera Guerra Mitridática y fue demandado por soborno por S. Sulpicio, a quien apoyaba Catón el Joven. Cicerón lo defendió en su *Pro Murena*, y fue absuelto.

cerca y observaban las cosas que hacía, según la costumbre de entonces.[55]

Así pues, muchas veces le preguntaban si hoy iba a reunir pruebas o iba a realizar algo en relación con la acusación. Y si decía que no, creyéndole, se marchaban. Ciertamente, estas cosas son un testimonio muy grande de su reputación; pero mayor y más hermoso es que nosotros, si nos acostumbramos a emplear la justicia incluso con los enemigos, nunca nos comportaremos injusta y maliciosamente con los familiares y los amigos.

10

Y «puesto que les es necesario a todas las totovías que les nazca una cresta», según Simónides,[56] y que cada naturaleza de hombre produce rivalidad, celo y envidia, «amiga de los hombres vacíos de inteligencia», como dice Píndaro,[57] no sacaría poco provecho quien se procurara en la persona de los enemigos purificaciones de estas pasiones, y las alejara, como por canales,[58] lo más lejos

---

55. Plutarco ofrece más detalles en *Vida de Catón el Joven* 21 (769B).

56. Pájaro también llamado «cogujada», «alondra moñuda» o «copetuda». El dicho se cita de nuevo en *Moralia* 809B y en la *Vida de Timoleón* 37 (252E), con la misma explicación. (Véase Bergk, *Poet. Lyr. Gr.* III 418; *Simónides*, fr. 68; Diehl, *Anthologia Lyrica* II 62; y Edmonds, *Lyrica Graeca* II 278, con diferentes lecturas de este verso.)

57. *Pindari Carmina cum deperditorum fragmentis selectis*, ed. W. Christ, fr. 212.

58. Véase Jenofonte, *Recuerdos de Sócrates* I 4, 6.

posible de sus compañeros y familiares. Dándose cuenta de esto, según parece, también un político de nombre Demo,[59] que se hallaba en una revuelta en Quíos del lado de los vencedores, aconsejaba a sus compañeros que no expulsaran a todos los adversarios, sino que dejasen a algunos «para que no empecemos —decía— a tener diferencias con los amigos, al estar completamente privados de enemigos». Sin duda, estas pasiones nuestras consumidas contra los enemigos, menos molestarán a los amigos. Pues, según Hesíodo,[60] no conviene «que el ceramista envidie al ceramista, ni el cantor al cantor, ni sentir celos por el vecino, pariente o hermano que trabaja por la riqueza» y que consigue la prosperidad en sus negocios.

Si no existe otro modo de liberación de las riñas, envidias y rivalidades, acostúmbrate a no sentirte molesto por los enemigos felices, y provoca y evita que tu rivalidad sea afilada en aquellos. Pues, así como los buenos agricultores piensan que ellos obtendrán mejores rosas y violetas plantando a su lado ajos y cebollas (ya que en estos se concentra todo lo agudo y maloliente que hay en su alimentación), del mismo modo también el enemigo, tomando y atrayendo hacia sí tu mal carácter y envidia, te hará más agradable y menos penoso para los amigos que viven con prosperidad. Por eso también se deben tener discusiones con aquellos en torno a la honra, al mando o a las ganancias justas, y no solo disgustarse si tienen algo más que nosotros, sino también observar por qué motivos tienen más, e intentar superarlos, asimismo, en diligencia, laboriosidad, inteligencia y atención, a la manera de Temístocles,[61]

---

59. En la mayoría de los manuscritos, Onomademo (en griego se lee *onomadēmos*), nombre que sin embargo solo aparece aquí y en *Moralia* 813A, donde se repite esta historia.

60. Hesíodo, *Trabajos y días* 25-27.

61. Véase Plutarco, *Vida de Temístocles* 3 (113B), y *Moralia* 84B y 800B.

que decía que la victoria de Milcíades en Maratón no le dejaba dormir. Pues el que piensa que su enemigo lo aventaja por mera buena suerte en los puestos de honor o en las defensas de otros ante el juez, en los puestos de administración del Estado o entre los amigos y jefes, y, en lugar de hacer algo y emularlo, se sumerge en un estado de envidia y desánimo completos, se da a una envidia ociosa e inútil. En cambio, si uno no está ciego[62] en relación con lo que odia, sino que se convierte en espectador justo de la vida, del carácter, de las palabras y de los hechos de los demás, observará que la mayoría de las cosas que provocan su envidia les sobrevinieron a sus poseedores por su diligencia, previsión y acciones nobles; y, esforzándose por estas cosas, ejercitará su amor a la honra y al honor, y echará fuera su indiferencia y su pereza.

11

En cambio, si parece que los enemigos, halagando o siendo malvados o corrompiendo o trabajando a sueldo, consiguen de manera vergonzosa y grosera poderes en los palacios o en los Estados, no nos molestará. Más bien, si le oponemos nuestra propia libertad y nuestra limpia e irreprochable forma de vida, nos alegrará, pues «todo el oro que hay sobre la tierra y bajo la tierra no se puede comparar con la virtud», según Platón.[63] Y conviene tener siempre presente el dicho de Solón:

---

62. Véase nota 40.

63. *Leyes* 728a. (Citado también en *Moralia* 1124E.)

Pero nosotros no cambiaremos con ellos la virtud por la riqueza[64]

ni por los gritos de los espectadores de teatro, comprados a base de banquetes, ni por honores y presidencias junto a los eunucos, a las concubinas y sátrapas de los reyes. Nada que tenga su origen en el vicio es digno de emulación ni es bello. Pero, puesto que el amante se ciega ante el amado, como dice Platón,[65] y los enemigos atraen más nuestra atención, al obrar torpemente, no conviene que nuestra alegría por los errores que cometen ni nuestra tristeza por sus éxitos sea algo inútil, sino que nos preocupemos de que, por medio de ambos, errores y éxitos, seamos mejores que ellos guardándonos de unos, e, imitando los otros, no seamos peores.

---

64. *Fr.* 15, citado de forma más completa en *Moralia* 78C, y como aquí en *Moralia* 472E.

65. Reminiscencia de Platón, *Leyes* 731e. Véase también nota 40.

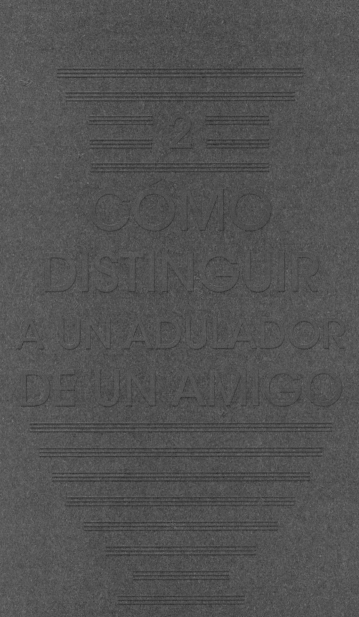

2

CÓMO DISTINGUIR A UN ADULADOR DE UN AMIGO

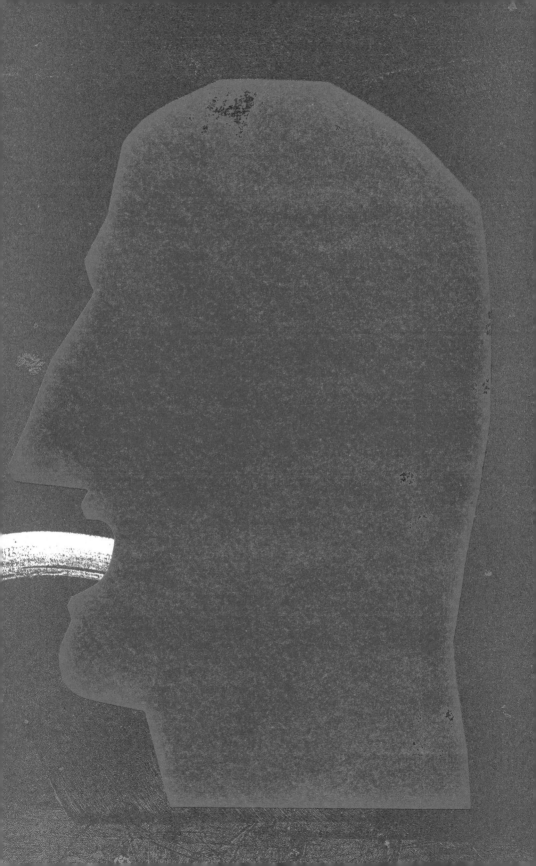

1

Platón dice, querido Antíoco Filópapo, que todos perdonan al que declara amarse mucho a sí mismo, pero que esto produce, junto con otros muchos, el mayor mal de todos, por el cual no es posible ser juez justo e imparcial de uno mismo.[1]

«En efecto, el amor se ciega ante lo amado»,[2] a menos que uno se acostumbre por el estudio a amar las cosas hermosas más que las innatas y familiares. Esto proporciona al adulador un gran espacio abierto en medio de la amistad, al tener en nuestro amor propio una útil base de operaciones contra nosotros, por el que, siendo cada uno el principal y más grande adulador de sí mismo, admite sin dificultad al de fuera, juntamente con él, como testigo y como autoridad aliada garante de las cosas que piensa y desea.[3] Pues el que es censurado como amante de aduladores es muy amante de sí mismo, ya que, a causa de su benevolencia, desea y

---

1. *Leyes* 731d-e.

2. *Ibidem.* También citado en *Moralia* 1000A y, anteriormente, en pp. 28 y 37.

3. Véase Aristóteles, *Retórica* 1371b21.

43

cree tener él todas las cualidades. Este deseo, en cierto modo, no es absurdo, pero su creencia es peligrosa y necesita mucha precaución. Pero si la verdad es ciertamente algo divino y principio, según Platón, «de todos los bienes para los dioses y de todos los bienes para los hombres»,[4] el adulador corre el peligro de ser un enemigo para los dioses y, en particular, del dios Pitio, por cuanto siempre contradice la máxima «conócete a ti mismo»,[5] porque crea en cada uno el engaño hacia sí mismo y la propia ignorancia y la de todos los bienes y males que le atañen con relación a sí mismo, al hacer a los unos incompletos e imperfectos y a los otros imposibles de corregir.

2

En efecto, si como a la mayor parte de los otros males, el adulador atacara solo o principalmente a los innobles y vulgares, no sería tan terrible de evitar. Pero, al igual que la carcoma penetra sobre todo en los tipos de madera blanda y dulce, así los caracteres ambiciosos, virtuosos y honrados reciben y alimentan al adulador, que se agarra fuertemente a ellos. Además, así como Simónides dice que «la cría de caballos no es compañera de Zacinto, sino de campos fértiles»,[6] si observamos que la adulación no acompaña a las perso-

---

4. *Leyes* 730c.

5. Esta máxima, también mencionada en pp. 25 y 91, habría sido pronunciada por Apolo Pitio y, posteriormente, escrita en las puertas de su templo en Delfos.

6. Zacinto, isla en la costa occidental de Grecia; la moderna Zante.

nas pobres, anónimas y débiles, sino que es traspié e infortunio de grandes casas y grandes asuntos y, con frecuencia, destruye también soberanías y principados, no es una obra pequeña ni que requiera poca previsión la consideración sobre ella, de modo que, estando completamente detectada, no dañe ni pueda desacreditar la amistad. En efecto, los piojos se marchan de las personas muertas y abandonan sus cuerpos, al perder su vitalidad la sangre de la que se alimentan; y, así, es completamente imposible ver a los aduladores aproximarse a asuntos enjutos o fríos, pero sí acercarse y medrar junto a las honras y los poderes, y desaparecer con rapidez en los cambios.

Mas no conviene esperar a la experiencia, cuando ya no es provechosa, pues es más funesta y no evita los peligros. Porque es penoso comprobar que los amigos no son amigos en el momento en que los necesitas, cuando ya no es posible el cambio de uno infiel y falso por otro bueno y sincero. Es preciso poner a prueba al amigo antes de necesitarlo, como lo haríamos con una moneda, para que no sea puesto a prueba por la necesidad. Así pues, no conviene que nos demos cuenta después de ser perjudicados, sino que es preciso adquirir experiencia y conocimiento del adulador para no ser perjudicados. Y, si no, nos pasará lo mismo que a los que intentan conocer los venenos mortales probándolos antes: que se matan y destruyen a sí mismos en la prueba.

No alabamos, por tanto, a estos, pero tampoco a aquellos que, poniendo la amistad en el bien y el provecho, creen que los que se comportan con agrado al punto son aduladores cogidos en flagrante delito. Pues el amigo no es desagradable ni violento, ni la amistad es dignidad con aspereza y severidad, sino que el bien y la dignidad de ella son, precisamente, algo agradable y deseable:

La cita se encuentra en Theodor Bergk, *Poetae Lyrici Graeci* (en adelante Bergk, *Poet. Lyr. Gr.*) III 393.

junto a ella las Gracias y el Deseo han establecido su morada,[7]

y no solo para quien es desgraciado

es dulce mirar a los ojos de un hombre amable,[8]

según Eurípides, sino que, aportando placer y agrado, contribuye no menos a nuestro bienestar que llevándose las penas y dificultades de nuestros males. E, igual que Eveno[9] dijo que el fuego es el mejor de los condimentos, así la divinidad, mezclando a nuestra vida la amistad, hace que todo sea agradable, dulce y querido, cuando está presente y participa de nuestra alegría. ¿Cómo podría si no insinuarse con los placeres el adulador si viera que la amistad en modo alguno acepta lo agradable? No se podría explicar. Pero, así como el oro falso e ilegítimo imita solamente el brillo y el lustre del oro, del mismo modo el adulador parece que, imitando lo simpático y agradable del amigo, se presenta siempre alegre y dispuesto y sin oponerse ni resistirse a nada. Ahora bien, no por ello se debe juzgar enseguida a los que alaban como a simples aduladores. Pues la alabanza, en su tiempo oportuno, no es menos apropiada a la amistad que el reproche, y, más aún: generalmente la queja y el reproche son desagradables e insociables, mientras que se acepta la alabanza por los buenos actos, cuando es producto del afecto, sin envidia y con buena disposición. Y a su vez se aceptan la amonestación y la franqueza sin pesadumbre y sin pena, porque se piensa y se acoge con cariño que el que alaba con gusto hace reproches por necesidad.

---

7. Adaptación de Hesíodo, *Teogonía* 64.

8. *Ión* 732. (También citado más adelante, p. 99)

9. Poeta elegíaco de la isla de Paros, del que Estobeo ha transmitido algunos fragmentos, o bien un filósofo del mismo nombre. (Citado de nuevo en *Moralia* 126D, 697A, y 1010C.)

3

«En verdad —podría decir alguien— es difícil distinguir al adulador del amigo, si es que no se diferencian ni por el placer ni por la alabanza. En efecto, es posible observar muchas veces, en la ayuda y en los servicios, que la amistad es aventajada por la adulación». ¿Cómo no ha de ser así, diremos nosotros, si buscamos al verdadero adulador que se dedica a su trabajo con habilidad y arte, pero no pensamos, como hace la mayoría, que los aduladores son los llamados «transportadores de sus jarras de aceite», «cambistas» o «esos a los que se les oye después de que el agua está sobre las manos»,[10] como dijo alguien, cuya tosquedad con chocarrería y desvergüenza se manifiesta en un solo plato y con una sola copa de vino? Pues, realmente, no era necesario contradecir a Melantio, el parásito de Alejandro de Feras,[11] quien, a los que le preguntaban cómo había muerto Alejandro, les contestaba: «a través del costado hasta mi estómago»; ni tampoco a los que se mueven alrededor de una mesa bien abastecida, a quienes «ni el fuego, ni el acero, ni el bronce pueden impedir que se acerquen a la comida»;[12] ni a las aduladoras de Chipre, que después de pasar a Siria, se las llamó «escaleras», porque se ofrecían a las mujeres de los reyes para agacharse y que a través de ellas subieran a sus carruajes.[13]

---

10. La primera alusión hace referencia a quienes no pueden costearse un criado que les lleve su jarra de aceite al baño (véase Demóstenes, LIV: *Contra Conón* 16); la última apunta a aquellos que hablan durante el lavado ceremonial de las manos, antes de las comidas.

11. Rey de Tesalia entre 389 y 358, cuando fue asesinado.

12. De los *Aduladores* de Éupolis, según *Moralia* 778E. (Véase Theodor Kock, *Comicorum atticorum fragmenta* —en adelante: Kock, *Com. Att. Frag.*— I 303.)

13. Véase Ateneo, VI, 256D.

4

Entonces, ¿contra quién es necesario defenderse? Contra el que no lo parece y niega que es adulador; a quien no es fácil coger alrededor del asador ni es cogido «midiendo la sombra para saber la hora de la comida», y que ni borracho se queda en el suelo como se cayó, sino que la mayoría de las veces está sobrio y ocupado, piensa que debe meter las manos en los asuntos, quiere participar de las conversaciones secretas y, en general, es un trágico actor de la amistad, y no un satírico ni un cómico. Pues, como dice Platón «el colmo de la injusticia es parecer justo sin serlo»,[14] y que se ha de considerar molesta la adulación que se oculta y no la que se manifiesta; no la que bromea, sino la que habla en serio. En efecto, esta invade de desconfianza la verdadera amistad, pues muchas veces coincide con ella, si no le prestamos atención. Es el caso de Gobrias, que tras irrumpir en una habitación oscura y coger con fuerza al mago que huía, ordenó a Darío, que se había colocado a un lado y dudaba, que les atravesara a los dos con la espada.[15] Y nosotros, si no alabamos de ninguna de las maneras el dicho «muera el amigo con el enemigo»,[16] procurando alejar al adulador que por muchas similitudes se confunde con un amigo, debemos muy bien temer no vayamos a arrojar, de alguna manera, lo bueno con lo malo, o caigamos en lo que es dañoso por ser moderados con lo que es propio.

Pues bien, yo creo que así como es difícil la limpieza de las semillas silvestres, que se mezclan con el trigo por tener un aspecto y

---

14. *República* 361a.

15. Pues Darío temía atacar por miedo, precisamente, de herir a Gobrias. Finalmente acertó y mató solo al mago. (Heródoto, III 78.)

16. August Nauck, *Tragicorum Graecorum Fragmenta* (en adelante Nauck, *Trag. Graec. Frag.*): *Adesp.*, n.º 362.

un tamaño semejantes (y o no caen por los agujeros más pequeños, o caen justamente por los más abiertos), del mismo modo la adulación, que es capaz de mezclarse con cualquier emoción y cualquier movimiento, necesidad y costumbre, es difícil de distinguir de la amistad.

5

Sin embargo, debido a que la amistad es la cosa más agradable de todas y ninguna otra alegra más, por eso también el adulador atrae hacia sí los placeres y está en relación con ellos. Y porque el favor y la utilidad acompañan a la amistad (según lo cual, también se ha dicho que un amigo es más necesario que el fuego y el agua), de ahí que el adulador se aplique en todos los servicios y se esfuerce en aparecer siempre servicial, diligente y animoso. Y, puesto que lo que mantiene sobre todo el principio de la amistad es la semejanza de ocupaciones y costumbres, y, en general, el alegrarse con las mismas cosas y evitar las mismas cosas acerca a las personas, en primer lugar, y las une a través de los mismos sentimientos, después de observar esto, el adulador se ordena y se arregla como si fuera un trozo de madera, tratando de adaptarse y amoldarse a quienes ataca por medio de la imitación, porque es tan flexible para imitar y tan convincente en sus copias, que se puede decir:

no eres el hijo de Aquiles, sino que tú eres aquel en persona.[17]

_____

17. *Trag. Graec. Frag.: Adesp.,* n.º 363; citado también en Plutarco, *Vida de Alcibíades* 23 (203C).

Pero de todas sus astucias la más hábil es que, dándose cuenta de que la franqueza se dice y se piensa que es el lenguaje propio de la amistad, así como cada ser vivo tiene su propia voz, y que, en cambio, la falta de franqueza es enemiga e innoble, ni siquiera a esta deja sin imitar. Por el contrario, igual que los cocineros hábiles usan jugos amargos y especias fuertes para quitar a las cosas dulces aquello que empalaga, así los aduladores aplican una franqueza falsa e inútil, y que actúa como si fuera un parpadeo, un cosquilleo y nada más. Por esta razón, pues, este hombre es tan difícil de descubrir como aquellos animales que son capaces de acomodar su color a los arbustos y a los lugares que hay junto a ellos. Y, puesto que aquel engaña y se oculta en las semejanzas, nuestro trabajo es descubrirlo y desnudarlo con las diferencias, pues «está adornado con colores y formas extrañas», como dice Platón, «a falta de las propias».[18]

6

Por tanto, a continuación vamos a examinar el asunto desde el principio. Ya dijimos que el origen de la amistad, para la mayoría, son la disposición y la naturaleza, que acogen con agrado las mismas costumbres y caracteres y se alegran con las mismas prácticas, actividades y ocupaciones, sobre lo cual también se han dicho estas cosas:

El anciano tiene para el anciano el habla más dulce,
el niño para el niño, la mujer es conveniente para la mujer,

---

18. *Fedro* 239d.

el hombre enfermo para el enfermo, y el cogido en desgracia
es una ayuda para el que va a caer en ella.[19]

Por su parte, el adulador, sabiendo que cuando la gente se alegra con cosas semejantes es natural que también las use y las quiera, intenta en primer lugar acercarse a cada uno, poco a poco y comunicándose estrechamente, y permanecer junto a él, como si fuera un animal en el pasto,[20] con las mismas actividades y ocupaciones en las mismas cosas, trabajos y géneros de vida; hasta que el otro le da una oportunidad, se acostumbra y llega a ser dócil al que lo toca, reprobando las acciones, géneros de vida y personas con los que comprende que aquel se disgusta. Pero las cosas que le agradan no las alaba con moderación, sino que las exagera mostrando estupor y admiración, asegurando que lo que ama y odia surge más del juicio que de la emoción.

7

Entonces, ¿cómo se pone en evidencia y por qué diferencias se descubre que no es igual a nosotros y que no llegará a serlo, sino que imita solo el parecido? Ante todo, es necesario ver la uniformidad y continuidad de su manera de pensar; si alaba y se alegra con las mismas cosas siempre, y si dirige y ordena su propia vida hacia un único modelo, como conviene a un hombre libre, amante de una

---

19. Véase Nauck, *Trag. Graec. Frag.: Adesp.*, n.º 364, y Kock, *Com. Att. Frag.*, III 606.

20. Véase Platón, *República* 493a.

52

amistad y trato del mismo carácter. Así, en efecto, es el amigo. Pero el adulador, por no tener una sola morada de su carácter ni vivir una vida elegida para él mismo, sino para otros, y modelándose y adaptándose en consecuencia, no es ni simple ni uno, sino variado y complicado. Corre y cambia de forma como el agua, vertida de uno a otro contenido, según sean los que lo reciben. A diferencia del búho orejudo, que, según parece, es cazado cuando intenta imitar al hombre moviéndose y danzando, el adulador seduce y embauca, no imitando a todos de la misma manera, sino a uno danzando y cantando con él, a otro peleando y rodando en el polvo con él. Y, si se apodera de uno aficionado al monte y a la caza, le sigue gritando casi las palabras de Fedra:

¡Por los dioses!, me gusta gritar a los perros,
mientras persigo a los moteados ciervos,[21]

y no pone atención alguna en el animal, sino que intenta enredar y cazar al cazador mismo. Pero si persigue a un joven erudito y estudioso, entonces se pone sobre los libros y su barba le crece hasta los pies, y la cosa es llevar un manto raído, un aire de indiferencia y hablar sin cesar de los números y los triángulos rectángulos de Platón. Mas, si en otra ocasión topa con un disoluto amigo de la bebida y rico,

entonces se despojó de sus andrajos el sagaz Odiseo,[22]

el manto raído es arrojado, se afeita la barba, como una cosecha sin frutos; ahora solo cuentan los recipientes para refrescar el vino y las tazas, las risas en los paseos y las burlas contra los filó-

---

21. Eurípides, *Hipólito* 219-220.
22. Homero, *Odisea* XXII 1.

sofos. Como cuentan que sucedió en Siracusa después de que llegara Platón, y una loca afición por la filosofía se apoderó de Dionisio: los palacios se llenaron de polvo a causa de la multitud de geómetras. Pero cuando Platón fracasó y Dionisio, abandonando la filosofía, volvió precipitadamente a la bebida y a las mujeres, a hablar neciamente y a vivir con desenfreno, la falta de interés y el olvido de las letras y la estupidez se apoderaron de todos, al unísono, como si hubiesen sufrido una transformación en los palacios de Circe.[23]

También son testigos las obras de los grandes aduladores, de los demagogos, el mayor de los cuales fue Alcibíades,[24] porque en Atenas bromeaba y se dedicaba a la cría de caballos y vivía con galantería y elegancia; y en Lacedemonia se cortaba el pelo al rape, llevaba un manto raído y se bañaba en agua fría; y en Tracia luchaba y bebía; pero cuando llegó junto a Tisafernes,[25] se entregó al libertinaje, al lujo y a la charlatanería, hacía demagogia y conseguía favores, comportándose y viviendo igual que todos. Sin embargo, ni Epaminondas ni Agesilao fueron así;[26] aunque tuvieron trato con muchos hombres, ciudades y formas de vida, conservaron en todos los lugares el carácter apropiado a ellos con su vestido, su género de vida, su lenguaje y su vida. Así también Platón fue en

---

23. Maga de la isla Eea, hija del Sol y hermana de Eetes y de Pasífae, que en *Odisea* X 135 ss. transforma en animales a algunos compañeros de Odiseo.

24. Político y general ateniense, discípulo de Sócrates. (Véase Plutarco, *Vida de Alcibíades* 23 203C.)

25. Sátrapa persa en Sardes y Caranos, que hizo un tratado con Esparta contra Atenas.

26. Epaminondas se distinguió como general en la reconquista de Tebas frente a los espartanos (379 a. C.), y Agesilao fue rey de Esparta entre los años 401 y 361 a. C.

Siracusa como era en la Academia y con Dionisio como fue con Dión.[27]

8

Los cambios de un adulador, como los de un pulpo, los podría descubrir uno si se percata de que, muchas veces, él mismo cambia y desaprueba la vida que antes alababa, y es atraído de repente hacia acciones, conductas y palabras con las que se disgustaba, como si le agradaran. Así pues, se verá que él no es, en modo alguno, seguro ni personal, y que ni ama ni odia ni se alegra ni se entristece con sus propias emociones, sino que, como un espejo, recibe las imágenes de las emociones, vidas y movimientos ajenos. Es, por tanto, como aquella clase de hombres que, si vituperas a uno de sus amigos delante de él, dirá: «tardíamente has descubierto al hombre; pues a mí hace ya tiempo que no me gustaba»; pero, si en otra ocasión, cambiando de opinión lo alabas, ¡por Zeus!, dirá que se alegra de ello y que te lo agradece en nombre del mismo y que confía en él; mas, si dices que tienes que tomar otro género de vida, por ejemplo, cambiando de la actividad política al retraimiento y a la tranquilidad, dirá: «hace tiempo, en verdad, que nos hubiera convenido habernos apartado de los tumultos y la envidia»; y, de nuevo, si parece que te lanzas a la vida activa y a la oratoria, dará voces diciendo: «piensas cosas dignas de ti, la inactividad ciertamente es algo agradable, pero

---

27. Cuñado del mencionado Dionisio, tirano de Siracusa, enamorado de la filosofía, sobre todo de la de Platón.

oscura y vulgar». Entonces es necesario decir, enseguida, a tal persona:

Extranjero, me pareces ahora distinto del que eras antes,[28]

no necesito un amigo que se cambie y asienta conmigo (pues mi sombra hace mejor esas cosas), sino que diga la verdad conmigo y que me ayude a decidir.

9

En verdad, este es un método para descubrir al adulador, pero conviene observar en las semejanzas otra diferencia como esta: el verdadero amigo no es un imitador de todo ni está dispuesto a alabarlo todo, sino solo lo mejor,

Pues no nació para odiar sino para amar,[29]

según Sófocles, y, ¡por Zeus!, para ayudar a arreglar las cosas y para unirse en el amor a la belleza, no para cometer errores juntos ni para ser cómplices de crímenes, a no ser que, por trato y estrecha relación, un flujo e infección, como la de una inflamación de ojos, lo contagie, contra su voluntad, de ignorancia o error.[30] De una ma-

---

28. Homero, *Odisea* XVI 181.

29. Adaptado de Sófocles, *Antígona* 523.

30. Se creía que quien padecía una enfermedad en los ojos podía contagiar a otras personas solo con mirarlas.

nera parecida se dice que sus amigos imitaban la joroba de Platón, el balbuceo de Aristóteles, y la inclinación del cuello y la dureza de la voz en la conversación del rey Alejandro.

En efecto, algunos, sin darse cuenta, toman muchas cosas de las costumbres y de las vidas de otros. Pero al adulador, sencillamente, le pasa lo que al camaleón. Pues este imita, en su aspecto, toda clase de colores excepto el blanco; y el adulador, al ser completamente incapaz de hacerse semejante en las cosas dignas de esfuerzo, no deja sin imitar las vergonzosas. Y así como los malos pintores que, al no poder alcanzar la belleza por su incapacidad, pintan las semejanzas en arrugas, manchas y cicatrices, del mismo modo aquel se convierte en un imitador del libertinaje, de la superstición, de la ira apasionada, de la aspereza contra los criados, de la desconfianza con los domésticos y parientes. Pues, por naturaleza, es por sí mismo propenso al mal, y parece estar muy lejos de censurar lo vergonzoso, cuando él lo imita.

Son, asimismo, sospechosos aquellos que buscan lo mejor, y parecen disgustarse y estar enfadados con los errores de sus amigos. Lo cual, efectivamente, indispuso a Dión con Dionisio, a Samio con Filipo y a Cleómenes con Ptolomeo.[31] Mas el adulador, que desea igualmente ser y parecer, a la vez, agradable y leal, finge alegrarse más con las cosas peores; como uno que, por querer demasiado, no rechaza lo malo, sino que simpatiza con todo y participa del mismo natural. Por lo cual, los aduladores no se niegan a participar en las cosas que suceden sin nosotros quererlas y que dependen de la suerte, sino que pretenden padecer las mismas enfermedades, para adular a los enfermos, y no ver ni oír bien, si tienen trato con ciegos o con sordos, como los aduladores de Dionisio

---

31. Se trata de Dión y Dionisio de Siracusa, del siglo IV a. C., mencionados con frecuencia por Plutarco, de Filipo V de Macedonia y del poeta lírico y epigramático Samio, al que Filipo mandó matar.

que, cuando estaba perdiendo la vista, tropezaban unos con otros y tiraban los platos en el banquete.

También algunos, tocando los sufrimientos, se introducen en lo más íntimo y mezclan la semejanza de sus sufrimientos hasta en las cosas más secretas. En efecto, si saben que uno es desgraciado en su matrimonio o que sospecha de sus hijos o de sus criados, ellos no se preocupan de sí mismos y se lamentan de sus propios hijos o de su mujer o de sus parientes o de sus criados, divulgando algunas culpas secretas. Pues la semejanza les hace sentir más intensamente el sufrimiento común, y, como si hubieran recibido más garantías, confían más alguno de sus secretos y, confiados, los utilizan y temen perder su confianza. Yo conozco a un hombre que se separó también de su mujer porque su amigo había abandonado a la suya, pero fue sorprendido mientras la visitaba en secreto y le enviaba mensajes, y lo descubrió la mujer de su amigo. Del mismo modo, no sabía lo que era un adulador aquel que pensaba que estos versos yámbicos convenían más a un adulador que a un cangrejo:

Todo su cuerpo es vientre, ojo que mira por todas partes,
una bestia que camina sobre sus dientes;[32]

pues tal descripción es la de un parásito, uno

de los amigos alrededor de la sartén y de los amigos en el almuerzo,

como dice Éupolis.[33]

---

32. Bergk, *Poet. Lyr. Gr.* III 669.

33. Junto con Cratino y Aristófanes, Éupolis fue el poeta más importante de la Comedia Antigua en Grecia (siglo v a. C.), aunque solo conservamos algunos fragmentos de sus obras. La cita se encuentra en Kock, *Com. Att. Frag.* I 349.

10

Dejemos, sin embargo, estas cosas para el lugar apropiado de nuestro discurso. Mas no queremos pasar por alto la astucia del adulador en sus imitaciones, pues, si imita alguna de las cosas buenas del adulado, le reserva la mejor parte. Porque, para amigos de verdad, no existe emulación ni envidia entre ellos, sino que, si participan igual o menos del éxito, lo sufren sin molestia y con moderación. Pero el adulador, recordando siempre que tiene que jugar un papel secundario, cede en la igualdad de la imitación, admitiendo que ha sido vencido en todo y que no ha estado a su altura, excepto en lo malo. Por el contrario, en las cosas malas no cede la primacía, sino que dice, si aquel es un hombre difícil, que él es colérico; si aquel es supersticioso, que él es un poseso; si aquel ama, que él está locamente enamorado. «Te reías inoportunamente —dice—, «pero yo iba a morirme de risa». Sin embargo, en las cosas buenas ocurre exactamente lo contrario. Él dice que corre con rapidez, pero que aquel vuela; que monta bien a caballo, «mas ¿qué es eso comparado con este centauro?». Yo soy por naturaleza un poeta y escribo un verso que no es malo del todo:

pero tronar no es lo mío, sino propio de Zeus,[34]

pues con ello piensa demostrar, al imitarlo, que la elección es buena y su fuerza, al ser derrotado, inalcanzable. Por tanto, en las semejanzas existen algunas como estas que diferencian al adulador del amigo.

---

34. De autor desconocido; véase Bergk, *Poet. Lyr. Gr.* III 736.

11

Porque, como se ha dicho, también el elemento del placer es común a ambos, pues el bueno no se alegra menos con los amigos que el malo con los aduladores, vamos a distinguir esto. La distinción es la referencia del placer a su fin. Míralo así: hay en un perfume un olor agradable y lo hay en una medicina, pero se diferencian en que aquel ha sido creado para el placer y no para otra cosa, pero en esta, el purgativo o el estimulante o el que puede cicatrizar, son olorosos por azar. Asimismo, los pintores mezclan los colores brillantes y pigmentos, y hay también algunos medicamentos curativos que son brillantes en apariencia y tienen un olor no desagradable. Entonces ¿dónde está la diferencia? Verdaderamente está claro que los distinguimos por la finalidad de su uso. Así, de forma semejante, las gracias de los amigos en algo bueno y provechoso poseen un encanto como en flor, y hay momentos en que los amigos usan entre ellos de la broma, del banquete, del vino y, sí, ¡por Zeus!, de la risa y de la bufonada, como de especies de las cosas buenas y serias. En relación con esto, también se ha dicho ya el verso:

Se divertían con la conversación, hablando unos con otros.[35]

Y este otro:

Y ninguna otra cosa nos hubiera podido separar a nosotros dos,
que nos queríamos como amigos y nos divertíamos.[36]

---

35. Homero, *Ilíada* XI 643.
36. Homero, *Odisea* IV 178. (También citados más adelante, p. 130.)

El oficio y la meta final del adulador son esto: hacer elegante y sazonar una broma, una acción o un discurso con el placer y para el placer. Por decirlo brevemente: el uno, el adulador, para ser agradable cree que debe hacerlo todo; el otro, el amigo, haciendo siempre las cosas que debe, muchas veces es agradable, otras muchas desagradable, no porque lo prefiera, sino que, si eso fuera mejor, ni siquiera lo evitaría. Pues, igual que el médico, si conviene, administra azafrán y ungüento de nardo y, sí, ¡por Zeus!, muchas veces lava bondadosamente y alimenta generosamente, hay casos en los que, dejando estas cosas, proporciona un castorio

o polio, de olor pesado, que huele, en verdad, de manera terrible,[37]

u obliga a beber eléboro después de triturarlo,[38] no persiguiendo en este caso lo desagradable ni en el otro lo agradable, sino llevar a su paciente a través de ambos medios a un estado que le conviene; así también hay veces que el amigo, celebrando y alegrando con alabanzas y gracias, lleva hacia el bien, como en:

Teucro Telamonio, querido amigo, príncipe de pueblos, dispara así,[39]

---

37. Cita de Nicandro, *Thëriacá* 64, que remite al «castorio», una substancia crasa de olor desagradable, segregada por las glándulas anales del castor, empleada en medicina como antiespasmódico, y al «polio» o «zamarrilla», cierta planta aromática que formaba parte de la composición de la triaca, un medicamento utilizado contra las mordeduras de animales venenosos. (Véase Plinio, *Historia natural* XXI 7-21, 44, y XXI 20-84, 145.)

38. El «eléboro» negro es una planta propia de parajes montañosos, cuya raíz fétida, acre y amarga, tiene propiedades purgantes.

39. Homero, *Ilíada* VIII 281-282.

o también en:

¿cómo podría yo después olvidar al divino Odiseo?[40]

Otras veces, cuando es necesario el ataque, con lenguaje mordaz y con la franqueza de un guardián dirigiéndose a él:

Has perdido el seso, divino Menelao,
y no tenías necesidad de esta insensatez[41]

Hay veces en que une la acción a la palabra, como Menedemo corrigió al hijo de su amigo Asclepíades, que era lujurioso y desordenado, apartándolo de su casa y no dirigiéndole la palabra,[42] y Arcesilao, que prohibió a Batón la entrada en su escuela porque escribió un verso contra Cleantes en una comedia, y se reconcilió con él después de que aquel aplacara a Cleantes y cambiara de opinión.[43] En verdad, conviene que el amigo cause tristeza si con ello es útil, pero no conviene destruir la amistad causando tristeza, más bien usar esto como se usa un medicamento molesto, que salva y

---

40. Homero, *Ilíada* X 243, y *Odisea* I 65.

41. Homero, *Ilíada* VII 109.

42. La anécdota la protagonizan el filósofo griego, discípulo de Sócrates y fundador de la llamada escuela de Eritrea en la isla de Eubea, y su amigo Asclepíades, seguidor de la Academia, que después se unió junto con Menedemo, a Estilpón, de la escuela de Mégara (véase Diógenes Laercio, II 11, 17, 125 ss. y 11, 113-120, respectivamente).

43. Los protagonistas en este caso son Arcesilao de Pitana, fundador de la Academia Media (véase Diógenes Laercio, IV 6), Batón, poeta de la Comedia Media de mediados del siglo III a. C. (véase Nauck, *Com. Att. Frag.* III 326 ss.) y Cleantes de Aso, estoico y discípulo de Zenón de Citio, famoso por su himno a Zeus (véase Diógenes Laercio, VII 5).

defiende al paciente. Por lo cual, como el músico, el amigo con el cambio hacia el bien y la utilidad, unas veces tensando las cuerdas y otras aflojándolas, en muchas ocasiones resulta agradable, pero siempre es útil. El adulador, por el contrario, acostumbra a tocar como acompañamiento lo agradable y lo que es gracioso en una sola escala, y no conoce ni acciones que contradigan ni palabras que entristezcan, sino que sigue solo lo que quiere otro, cantando siempre y sonando de acuerdo con él. En efecto, como dice Jenofonte de Agesilao,[44] que de buena gana se dejaba alabar por aquellos que también estaban dispuestos a vituperarlo, es preciso tener por amigo lo que alegra y agrada, aunque pueda entristecer y oponerse alguna vez, pero sospechar de la compañía constante en los placeres y favores, siempre solícito y sin asperezas; y, ciertamente, ¡por Zeus!, tener presente el dicho de aquel lacedemonio que, al ser alabado el rey Carilo, dijo: «¿Cómo puede ser hombre bueno el que ni siquiera es severo con los malos?».[45]

12

Se dice que a los toros se les pega el tábano junto a las orejas y a los perros la garrapata. El adulador, ocupando las orejas de los ambiciosos y agarrándose a ellas con alabanzas, es difícil de quitar. Por eso conviene tener entonces el juicio especialmente rápido y vigilante para saber si la alabanza es de la acción o del hombre. Es de la acción, si alaban más a los ausentes que a los presentes; si nos ala-

---

44. *Agesilao* 11, 5.
45. Arquidamias, según *Moralia* 218B.

ban ellos mismos porque desean y buscan también las mismas cosas; si no nos alaban a nosotros solos, sino a todos, y en cosas parecidas; si nos alaban sin hacer y decir ahora estas cosas y luego las contrarias; y lo que es más grande, si nosotros mismos nos convencemos de que no nos vamos a arrepentir ni a avergonzar de las cosas por las que somos alabados, y que no preferiríamos haber hecho o haber dicho nosotros las cosas contrarias a estas. Pues el juicio de dentro de casa, que testifica en contra y no acepta la alabanza, es desapasionado y no se deja comprar por el adulador. Pero, no sé cómo, en las adversidades la mayoría no soporta los encomios y se deja llevar por los que lloran y se lamentan con ellos; y cuando yerra y comete algún delito, el que con contradicción y censura le produce dolor y arrepentimiento le parece enemigo y acusador, pero al que alaba y bendice sus acciones lo abraza y piensa que es benévolo y amigo. Y, en verdad, cuantos alaban o aplauden fácilmente un hecho, una palabra o alguna otra cosa de uno que las hizo en serio o bromeando, estos son solo perjudiciales para el momento presente y para las cosas que están a mano, pero cuantos con loores penetran en nuestro carácter y tocan, sí, ¡por Zeus!, con la adulación nuestra manera de ser hacen lo mismo que aquellos criados que roban no del montón sino de la simiente; ya que, al ser la disposición y el carácter la simiente de los hechos, destruyen el principio y la fuente de la vida, aplicando los nombres de la virtud a la maldad.

En efecto, en las luchas civiles y en las guerras, Tucídides dice que «cambian según el propio juicio la significación acostumbrada de las palabras para justificar los hechos. Así pues, la audacia irracional es considerada valor amigo de camaradas; la tardanza prudente, noble cobardía; la moderación, pretexto de cobardía; la prudencia para todo, pereza en todo».[46] En las adulaciones es pre-

---

46. III 82.

ciso observar y vigilar rigurosamente que la prodigalidad es llamada liberalidad, y el miedo, seguridad; la energía furiosa, agudeza; la cicatería, moderación; el inclinado al amor, amante de sus compañeros y amante tierno; valiente, el irascible y orgulloso, y filántropo, el ruin y miserable. Como dice Platón del amante, al ser un adulador de los amados, al chato lo llama atractivo, al de nariz aguileña regio, a los negros viriles, a los blancos hijos de los dioses; y en general, el color de la miel es una ilusión del amante que atenúa y hace más fácil de soportar la palidez;[47] sin embargo, si el feo es convencido de ser hermoso o grande el pequeño, no dura mucho tiempo en el engaño y sufre un daño ligero y no irreparable.

La alabanza que acostumbra a usar los vicios como virtudes, de modo que ya no te disgustan sino que te alegran, y a suprimir la vergüenza por los yerros cometidos, esta alabanza destruyó a los siciliotas, al llamar a la crueldad de Dionisio y Fálaris aborrecimiento de maldad y justicia.[48] Es la que arruinó a Egipto, al llamar piedad y culto a los dioses el afeminamiento de Ptolomeo,[49] su superstición, sus gritos de bacante, sus danzas corales y sus tambores. Esta alabanza destruyó y tornó en nada las buenas costumbres de los romanos al llamar cariñosamente al libertinaje, al desenfreno y a las ostentaciones públicas de Antonio alegres y humanitarios juegos,[50] porque su poder y su suerte eran utilizados al mismo tiempo con generosidad. ¿Qué otra cosa hizo que

---

47. La «palidez del amado», hay que entender (*República* 474d).

48. En la Sicilia del siglo IV a. C. destacaron los tiranos Dionisio de Siracusa y Fálaris de Acragante (Agrigento). En su crueldad, este último encerraba a sus enemigos en un toro de bronce ardiendo para quemarlos y que sus gritos imitaran los bramidos del animal (véase Píndaro, *Pítica* I 167 ss.).

49. Ptolomeo Filopátor (221-205 a. C.); véase Polibio, V 34.

50. Véase Plutarco, *Vida de Antonio* 9 (920D).

Ptolomeo se colgase la *forbeiá* y las flautas,[51] y acercó a Nerón a la escena trágica y le colocó la máscara y el coturno? ¿No fue la alabanza de los aduladores? ¿La mayoría de los reyes no recibe el nombre de Apolo, si trinan; de Dioniso, si se emborrachan; de Hércules, si luchan, y, felices, son arrastrados por la adulación a todo tipo de ultrajes?

13

Por ello se debe vigilar al adulador sobre todo en sus alabanzas. Esto tampoco lo ha olvidado él mismo, sino que, porque es hábil para guardarse de la sospecha, si coge a uno vestido con un manto de púrpura o a un rústico que lleva una gruesa piel, emplea toda clase de burla, como Estrucias, que se paseaba con Bías y ultrajaba su insensibilidad con alabanzas:

Has bebido más que el rey Alejandro,[52]

y

---

51. Ptolomeo XII, faraón del Antiguo Egipto entre 80-51 a. C., ejemplo de mal gobernante, más atento a fiestas y banquetes que a cuidar de su pueblo. Su afición por la música le otorgó el sobrenombre de *Auletes*, «el flautista». Para regular mejor el sonido de este instrumento se utilizaba la *forbeiá*, una tira de cuero, como un dogal, colocada alrededor de los labios. (Véase Estrabón, 17, 1, 11 C 796.)

52. Del *Adulador* de Menandro (Kock, *Com. Att. Frag.* III, *Menandro*, n.º 283).

Me río de esto, pensando en aquel chipriota.[53]

Y cuando ve a personas ingeniosas que lo observan muy bien y que se cuidan de este lugar y ocasión, no entra en la alabanza por el camino recto; se aleja moviéndose en círculos y se acerca sin ruido como si tocara y tentara a un animal. Ahora contará las alabanzas de algunos otros sobre él, como los rétores, empleando una persona ajena, diciendo que en el ágora ha tenido un encuentro muy agradable con extranjeros o ancianos que le han recordado muchas cosas buenas de él y le admiraban. Otras veces, de nuevo, ideando y componiendo culpas leves y falsas contra él, como si las hubiera oído a otros, viene con presteza preguntando dónde dijo esto y dónde hizo esto otro. Si lo niega, como es natural al tenerlo asido por aquí, cubre al hombre con alabanzas: «Yo me admiraba de que tú que no lo sueles hacer contra tus enemigos hablaras mal de tus amigos íntimos, y que tú, que tantos de tus propios bienes has regalado, hubieras intentado apoderarte de los bienes ajenos».

14

Otros, igual que los pintores intensifican los lugares luminosos y brillantes con los sombreados y obscuros colocados junto a ellos, pasan, así, desapercibidos, por censurar y vituperar o ridiculizar y mofarse de las cosas contrarias cuando alaban y alimentan los vicios que tienen los que son adulados. En efecto, reprochan la moderación como rusticidad en los libertinos, y en los arrogantes,

---

53. *Ibid*. n.º 297.

malhechores y ricos por acciones vergonzosas y malas, la suficiencia y justicia como falta de valor y debilidad para la acción. Cuando tratan con perezosos, ociosos y que huyen de la vida pública de las ciudades, no se avergüenzan al llamar a la política trabajo de negocios ajenos y al deseo de honores, vanidad inútil. También es propia del retórico la adulación para ridiculizar al filósofo, y entre las mujeres disolutas son tenidos en gran estima, al llamar a las fieles y amantes de sus maridos frías para las cosas del amor y rústicas. Pero sobrepasa toda maldad el hecho de que los aduladores no se detienen ni ante ellos mismos. En efecto, igual que los luchadores abaten su cuerpo para tirar a los otros, del mismo modo, al censurarse a sí mismos, empujan a los que están cerca hacia la admiración: «Soy un esclavo cobarde en el mar; me canso en los trabajos; si me insultan, me vuelvo loco de ira». Pero para este dice: «No hay nada difícil, ni pesado, sino que es un hombre singular, lo soporta todo tranquilamente y sin sufrimiento». Y si uno, creyendo tener mucho entendimiento y queriendo ser austero y sincero por alguna rectitud, suele proponer como modelo el verso

Tídida, no me alabes demasiado y no me injuries,[54]

el adulador hábil no se acerca a él de esta manera: existe otra técnica para este tipo de personas. Se llega a uno de estos para consultarle sobre sus propios negocios, en la idea de que es superior en sus juicios, y le dice que tiene otros amigos íntimos, pero que por necesidad debe molestarlo. «¿A dónde acudiremos cuando necesitemos consejo? ¿En quién confiaremos?». Después de haber escuchado lo que le dice, se marcha, diciendo que ha recibido un oráculo, no un consejo.

---

54. Homero, *Ilíada* X 249.

Y si ve que alguno se atribuye experiencia en el arte de la palabra, le trae alguno de sus escritos, pidiéndole que lo lea y lo corrija. Al rey Mitrídates,[55] que era amigo de la medicina, algunos de sus amigos se le ofrecían para que los abriese y quemase, adulándole así con obras, y no con palabras. En efecto, parecía que la confianza de ellos en él era testimonio de su habilidad:

Muchas son las formas de los dioses.[56]

Esta clase de alabanzas veladas, que requieren una precaución más hábil, deben investigarse de modo conveniente, ordenando consejos y enseñanzas absurdas y haciendo correcciones faltas de razón. Si no se oponen a nada, sino que se aprueba todo, aceptándolo todo y gritando a cada cosa que está bien y es apropiada, se descubre perfectamente que,

preguntando la consigna, pero buscando otro asunto,[57]

quiere alabar y ayudarle a envanecerse.

55. Nacido en Sínope, con ayuda de los Diádocos fue gobernador de la Capadocia, junto al Mar Negro, y el enemigo más peligroso de los romanos.

56. Eurípides en *Alcestes, Andrómaca, Bacantes* y *Helena.*

57. Nauck, *Trag. Graec. Frag.: Adesp.*, n.º 365.

15

Además, igual que algunos han definido la pintura como una poesía silenciosa, así existe una alabanza de adulación callada. Si los cazadores pasan más inadvertidos a su presa cuando no dan la impresión de lo que hacen, sino que parece que caminan, que apacientan el ganado o que trabajan el campo, así también los aduladores consiguen más con las alabanzas cuando no parece que están alabando, sino que están haciendo otra cosa distinta. En efecto, el que cede su silla y su butaca al que llega, y si, mientras habla al pueblo o al consejo, se da cuenta de que uno de los hombres ricos desea hablar, se calla en medio de su discurso, cediéndole la tribuna y la palabra, demuestra más con su silencio que el que grita, que piensa que aquel es mejor y que aquel lo aventaja en inteligencia. Por eso es posible verlos ocupando los primeros puestos en los auditorios y en los teatros: no porque se los merezcan, sino porque adulan a los ricos al levantarse para cederles el sitio. Y tomando la palabra los primeros en las asambleas y senados, la ceden después a los más poderosos y cambian fácilmente a la opinión contraria, si es poderoso, rico o famoso el que se les opone. Con lo cual, es preciso poner en evidencia sus servidumbres y «retiradas», que no ceden a las experiencias, ni a la virtud, ni a la edad, sino a la riqueza y a la fama.

El pintor Apeles,[58] con Megabizo sentado junto a él y queriendo hablar de dibujo y de sombras, le dijo: «¿Ves a estos muchachos que están moliendo el color amarillo? Ellos tenían puesta su atención en ti mientras estabas callado, y admiraban tu vestidura de púrpura y tus adornos de oro. Ahora, en cambio, se ríen de ti, porque has comenzado a hablar de cosas que no has aprendido». Y Solón, al

---

58. Apeles de Colofón, pintor de corte de Alejandro Magno. (Véase *Moralia* 427A.)

preguntarle Creso sobre la felicidad, declaró que cierto Telo, un hombre común de Atenas, y Bitón y Cléobis eran los más afortunados.[59] Los aduladores, en cambio, proclaman públicamente que los reyes, los ricos, los gobernantes, no solo son felices y dichosos, sino también los primeros por su inteligencia, arte y toda clase de virtudes.

16

Algunos no soportan oír a los estoicos, que llaman al sabio, a la vez, rico, hermoso, noble y rey; los aduladores, en cambio, llaman al rico, a la vez, orador, poeta y, si lo desea, pintor, flautista, ligero de pies y robusto, echándose a sus pies en la lucha y quedándose atrás en la carrera, como Crisón, el de Hímera,[60] se quedaba atrás en la carrera

---

59. Solón, el político y poeta ateniense de los siglos VII-VI a. C., contesta a Creso, último rey de Lidia del siglo VI a. C., cuya riqueza fue proverbial entre los griegos. En su respuesta, este señala tres «hombres comunes»: Telo, el ateniense que, habiendo luchado en la batalla de Eleusis y puesto en fuga a los enemigos, murió con todos los honores y mereció una sepultura pública; y Bitón y Cléobis, dos hermanos argivos que llevaron a su madre sobre un carro, tirado por ellos mismos a falta de bueyes, para que asistiese a una fiesta en honor de Hera, y murieron al final de la ceremonia religiosa. Sobre esta anécdota, véase Heródoto, I 30-33, y Plutarco, *Vida de Solón* 27 (93B).

60. Ciudad de Sicilia.

ante Alejandro, que, al darse cuenta, se enfadó.[61] Carnéades[62] decía que los hijos de los ricos y de los reyes aprenden a montar a caballo, pero no aprenden ninguna otra cosa bien y convenientemente. Pues el maestro en sus estudios, y el que lucha con ellos, los adula sometiéndoseles; pero el caballo, al no tener conocimiento, no se preocupa de si es un particular o un gobernante o un rico o un pobre, y derriba a los que no lo saben montar. Así pues, es simple y necio el dicho de Bión:[63] «Si estuviera seguro de hacer mi campo más productivo y fértil alabándolo, no parecería que cometo un error haciendo esto, más que cavando y atendiendo al negocio. Por eso no sería absurdo alabar a un hombre si con las alabanzas llega a ser más útil y valioso». En verdad, el campo no empeora si es alabado, pero los que alaban a un hombre con mentira y sin merecerlo lo hacen soberbio y lo destruyen.

17

Sobre estas cosas baste esto. A continuación, vamos a ver lo relativo a la franqueza. En efecto, convendría que, así como Patroclo, poniéndose las armas de Aquiles y montando sus caballos para la batalla, no se atrevió a tocar la lanza cortada en el Pelión, y la dejó, así convendría que el adulador, cuando se disfraza y compone con los signos y rasgos distintivos del amigo, dejase

---

61. Véase *Moralia* 471F, donde se repite la anécdota.

62. Carnéades de Cirene, siglos III-II a. C., estoico y fundador, en Atenas, de la Academia Nueva.

63. Posiblemente, Bión de Borístenes.

sin tocar y sin imitar la franqueza, como arma importante de la amistad,

pesada, grande, robusta.[64]

Mas como, huyendo de ser conocidos en la risa, en el vino, en la burla y en los juegos, los aduladores se esfuerzan por elevar su negocio y alaban mirando con rostro serio y mezclan algún reproche y advertencia, no dejemos esto sin examinar.

Pienso que, así como en una comedia de Menandro entra un falso Heracles llevando una maza ni robusta ni fuerte, sino una imitación esponjosa y vacía,[65] la franqueza del adulador parecerá, a los que la experimentan, blanda, ligera y sin ninguna fuerza, y que hace lo mismo que las almohadas de las mujeres, que, aunque parezca que sirven de apoyo y que resisten las cabezas, más bien ceden y se hunden. Y así esta franqueza falsa, que tiene un esplendor vacío y corrompido, se eleva y se hincha, para recibir y arrastrar, achicándose y derrumbándose, al que se precipite sobre ella. La franqueza verdadera y amistosa, en cambio, se adhiere a los que cometen errores, y produce una tristeza salvadora y providente, muerde y purifica como la miel las llagas,[66] siendo, sin embargo, en lo demás, provechosa y dulce. Sobre esta franqueza se hablará a su debido tiempo.

El adulador, al principio, se muestra áspero, desconsiderado e inexorable en su relación con los demás. Es severo con sus criados, experto en atacar las faltas de sus parientes y familiares y en no admirar ni sentir respeto por ninguno de los de fuera, sino

---

64. Homero, *Ilíada* XVI 141.

65. Kock, *Com. Att. Frag.* III 148, y Maineke, IV 225.

66. Propiedad de la miel ampliamente documentada en los escritores antiguos. (Véase, por ejemplo, Plutarco, *Vida de Foción* 2 742B.)

para despreciarlos; y es despiadado y calumniador para provocar la cólera en los otros, persiguiendo la opinión como hombre que odia la maldad, para que no parezca que voluntariamente cede en su franqueza con ellos, ni que hace ni dice nada por congraciarse. Después, fingiendo no saber ni conocer nada de los vicios verdaderos y grandes, es hábil en lanzarse sobre los delitos pequeños y que no hacen al caso, y en atacar con fuerza y con vehemencia, si ve que algún mueble no está bien colocado, si uno administra mal, si descuida la barba o el vestido, o si no cuida convenientemente a un perro o a un caballo. En cambio, la despreocupación por los padres y por los hijos, el injuriar a la mujer y el desprecio hacia los criados y la ruina de los bienes, esto no le importa nada. En estas cosas se queda mudo y tímido, igual que un entrenador que deja que un atleta se emborrache y lleve una vida desordenada, para ser después severo sobre el recipiente del aceite y el raspador, o igual que el gramático que, golpeando al niño por la tablilla y el punzón, hace que no oye cuando comete un solecismo y un barbarismo. Pues el adulador es como una persona que no es capaz de decir nada ante el discurso de un orador malo y risible, pero sí de censurar su voz y de reprocharle severamente porque destruye su garganta bebiendo agua fría, y como quien, habiéndosele mandado repasar un discurso desafortunado, echase la culpa al papel, por grueso, y llamase al escriba malvado y negligente. Así hacían también los aduladores de Ptolomeo,[67] que se tenía por un amante de la enseñanza, al alargar su discusión con él sobre una palabra oscura, un pequeño verso o una historia hasta muy entrada la noche; pero, cuando se portaba con crueldad y orgullo, tocaba los timbales y realizaba sus iniciaciones, ninguno de entre tantos se oponía. Como si uno cortara los cabe-

---

67. Posiblemente, Ptolomeo Evérgetes II (146-117 a. C.). (Véase Ateneo, XII 73, 549D.)

llos y las uñas de un hombre que tiene tumores y úlceras con un bisturí de médico, así los aduladores aplican la franqueza a las partes que no sienten pena ni dolor.

18

Y otros, todavía más hábiles que estos, usan la franqueza y el repro- che para proporcionar placer. Como Agis, el argivo,[68] que al ver que Alejandro daba grandes regalos a uno que le hacía reír, por envidia y disgusto comenzó a dar voces diciendo: «¡Oh!, qué cosa más ab- surda», y el rey, volviéndose hacia él con ira, le preguntó: «¿Qué dices tú?», y él le contestó: «Yo confieso que me disgusta y me in- digna, cuando os veo a todos vosotros, hijos de Zeus, alegrándoos de forma parecida con los hombres aduladores y ridículos. Pues también Heracles se deleitaba con ciertos Cércopes,[69] y Dioniso con los silenos[70] y es posible ver que tales personas son tenidas en gran estima por ti». Habiendo llegado una vez el César Tiberio al senado,[71] uno de sus aduladores se levantó y dijo que era preciso que ellos, siendo hombres libres, usaran de la franqueza y no disi- mularan ni callaran las cosas que fuesen provechosas. Tras haber llamado de esta forma la atención de todos, habiéndose hecho el

68. Poeta que acompañó a Alejandro en su expedición asiática.

69. Dos hermanos de Éfeso que quisieron atacar a Heracles con en- gaños, pero este los prendió y ató, para luego soltarlos y reírse de ellos.

70. Antiguos sátiros de nariz chata, labios gruesos e hinchados, cal- vos y de expresión animalesca y lasciva.

71. César de Roma entre el 14 y el 37 d. C.

silencio en torno a sus palabras y habiéndole prestado atención Tiberio, le dijo: «Escucha, César, lo que todos te reprochamos, pero que ninguno se atreve a decir abiertamente. No te preocupas de ti mismo, pierdes tu cuerpo y lo fatigas con cuidados y trabajos por nosotros, y no te das descanso ni de día ni de noche». Como él repitiera muchas cosas parecidas a estas, dicen que dijo el orador Casio Severo: «Esta franqueza matará a este hombre».

19

Estas cosas son, efectivamente, insignificantes. Pero peligrosas y dañinas para los necios son aquellas ocasiones en las que los aduladores acusan de emociones y debilidades contrarias (como Himerio, el adulador, censuraba de corrompido a uno de los ricos más groseros y tacaños de Atenas, porque era un despreocupado y porque se iba a morir de hambre juntamente con sus hijos), o cuando, por otro lado, a hombres corrompidos y pródigos les hacen reproches por su tacañería y sordidez (como Tito Petronio a Nerón),[72] o cuando a los gobernantes que se comportan cruel y salvajemente con sus súbditos los exhortan a desprenderse de su excesiva benignidad y de su piedad inoportuna e inútil.

Semejante a estos es también aquel que finge que se guarda y teme a un hombre tonto, torpe y necio como si fuera hábil y astuto; y el que, siendo del tipo de personas envidiosas y que se alegran

---

72. El árbitro de la elegancia en la corte del emperador Nerón (siglo I d. C.) y autor de una gran novela sobre las costumbres romanas, titulada *Cena Trimalchionis,* conservada solo fragmentariamente.

con hablar siempre mal y criticar, si alguna vez se ve obligado a alabar a algún hombre famoso, cuando lo coge un adulador y lo contradice se toma esto como una desgracia. «Alabas a hombres que no son dignos de nada, pues ¿quién es este y qué cosa destacada ha dicho o hecho?». Sobre todo, en lo relacionado con los asuntos del amor, los aduladores dirigen sus ataques contra sus adulados, y los provocan. En efecto, si ven que tienen diferencias con sus hermanos o que desprecian a sus padres o son orgullosos con sus mujeres, ni les amonestan ni censuran, sino que procuran aumentar sus iras. «¿No te tienes aprecio a ti mismo? También tú tienes la culpa de esto, porque te comportas servicialmente y con humildad». Sin embargo, si se produce irritación por un acto de cólera y celos contra una hetera o contra una adúltera, la adulación se presenta con una espléndida franqueza, añadiendo fuego al fuego, pidiendo justicia y acusando al amante de cometer muchos actos odiosos, crueles y criminales:

¡Oh el más desagradecido después de besos tan suaves![73]

Del mismo modo trataban de persuadir sus amigos a Marco Antonio,[74] cuando estaba enamorado y encendido en amor por la reina de Egipto, siendo él amado por esta, reprochándoselo, le llamaban insensible y orgulloso: «La mujer, abandonando un imperio tan grande y tantas ocupaciones felices, se consume, acompañándote en tus campañas guerreras, a la manera de una concubina»:

Tienes en tu pecho un corazón indomable[75]

---

73. De los *Mirmidones* de Esquilo: Nauck, *Trag. Graec. Frag.*: *Esquilo*, n.º 135. (Véase también *Moralia* 715C.)

74. Véase Plutarco, *Vida de Antonio* 53 (940D).

75. Homero, *Odisea* X 329.

y miras con indiferencia que está afligida. Mas él, dejándose reprender de buena gana, como si fuera injusto, y alegrándose con los que lo acusaban y no con quienes lo alababan, no se daba cuenta de que con este aparente reproche era corrompido. Tal franqueza es como los mordiscos de mujeres lascivas, que despiertan el placer y hacen cosquillas bajo la apariencia de causar pena. Y así como el vino, que es una ayuda principalmente contra la cicuta, si lo mezclan, echándolo sobre ella, convierte la fuerza del veneno en completamente incurable, porque a causa del calor es conducida más rápidamente en el cuerpo humano, así los malos, sabiendo que la franqueza es una gran defensa contra la adulación, adulan a través de la misma franqueza. Por tanto, tampoco Bías respondió bien al que le preguntó cuál de los animales es el más fiero, y contestó que de los animales salvajes, el tirano, y de los mansos, el adulador. Hubiera sido más conveniente haber dicho que, de los aduladores, son mansos los que andan alrededor del baño y de la mesa, y fieros, salvajes y difíciles de tratar los que extienden como tentáculos de un pulpo su curiosidad, su calumnia y maldad, hasta el interior de las casas y hasta las habitaciones de las mujeres.

20

Existe, al parecer, una única manera de cuidarse de este tipo de adulación: conocer y acordarse siempre de que, al tener una parte verdadera, amante del bien y racional, y otra irracional, amante de la mentira y emocional, el amigo siempre está presente como consejero y defensor de la mejor, igual que el médico que aumenta y defiende la salud. Mientras que el adulador se sitúa junto a la parte emocional e irracional, acaricia, hace cosquillas, persuade y priva del razonamiento, maquinando para él algunos deleites dañinos. Igual que, de las comidas, algunas no son útiles a la sangre ni a los pulmones ni añaden fuerza a los nervios o a los tuétanos, sino que alteran las partes vergonzosas, hinchan el vientre y hacen la carne enferma y podrida, del mismo modo la palabra del adulador no añade nada al que es prudente y razonable. Más bien, alimentando algún placer de amor o incitando a la cólera irracional, excitando la envidia, o haciendo la dignidad del pensamiento odiosa y vacía, o consiguiendo que llore con tristeza, o haciendo siempre violenta, tímida y suspicaz la parte mala, esclava y desconfiada con algunas calumnias y sospechas, no pasará desapercibida a los que le presten atención. Pues siempre aguarda alguna emoción y la engorda, y a manera de un tumor se abate cada vez sobre las partes corrompidas y enfermas del alma. «¿Estás colérico? Castiga. ¿Deseas algo? Cómpralo. ¿Tienes miedo? Huyamos. ¿Tienes alguna sospecha? Créeme». Si es difícil descubrir al adulador en estas pasiones porque el razonamiento es vencido a causa de la vehemencia y grandeza de las mismas, en las pequeñas mostrará su punto flaco, ya que es el mismo. Cuando el amigo sospecha que uno se siente mal por la bebida o el exceso de comida y que duda de si tiene que bañarse o comer, lo intentará retener, aconsejándole que se cuide y que lleve cuidado; en cambio, el adulador lo llevará a rastras al baño y le recomendará alguna novedad y no maltratar su cuerpo con la abstinencia. Y si lo ve remiso hacia algún viaje o navegación o algún negocio, no le dirá que la ocasión apremia, sino que harán lo mismo aplazándolo o enviando a otro. Y si hubiera prometido prestar o dar algún dinero a un familiar y se arrepintiera de ello, pero le da vergüenza, el adulador, apoyando la peor inclinación, fortalecerá su opinión tocando su bolsillo, y echará fuera su vergüenza, aconsejándole que ahorre, porque gasta mucho y debe alimentar a muchos. De aquí que, si nosotros no advertimos nuestros deseos de avaricia, nuestra desvergüenza y cobardía, también el adulador nos pasará desapercibido como tal, pues es el que siempre es defensor de estas emociones y habla con franqueza de ellas. Estas cosas son, en efecto, suficientes sobre este asunto.

21

Ahora vamos a hablar de los servicios y ayudas, ya que también en estos el adulador produce una gran confusión e incertidumbre de su diferencia con el amigo, dando la impresión de ser activo y animoso y de estar dispuesto para todo. Pues, como dice Eurípides, el carácter del amigo, como el lenguaje de la verdad, es simple, llano y sin afectación, pero el del adulador, en realidad,

estando enfermo, él mismo necesita de sabios remedios,[76]

muchos, sí, ¡por Zeus!, y excelentes. En verdad, igual que en los encuentros entre dos personas el amigo a veces sin hablar ni escuchar nada, sino mirando y sonriendo, dando y recibiendo con los ojos su amistad y familiaridad íntimas, pasa de largo; el adulador, por el contrario, corre, sigue, saluda de lejos, y, si al ser visto, es saludado primero, se excusa una y otra vez con testigos y juramentos. Del mismo modo, en las acciones, los amigos dejan pasar muchas de las pequeñas, sin ser exactos y sin ocuparse nada de ellas, ni dedicándose ellos mismos a cada ayuda. Mas aquel es en estas ocasiones perseverante, asiduo, infatigable, y no da a otro lugar ni espacio para un

---

76. *Fenicias* 469 y 472, respectivamente.

servicio, sino que quiere ser mandado. Y si no es mandado se ofende y, más aún, se descorazona mucho y grita de indignación.

22

En verdad, para las personas sensatas estas son pruebas no de una amistad verdadera y sincera, sino de una amistad postiza y que se abraza con más decisión de lo que es menester. Sin embargo, conviene primeramente considerar la diferencia en las promesas. Se ha dicho muy bien también por escritores anteriores a nosotros que la promesa de un amigo es aquella que dice:

si puedo realizarlo y si eso se puede realizar.[77]

La del adulador, en cambio, es esta:

di lo que piensas,[78]

y los cómicos introducen en la escena a personajes como este:

Nicómaco, colócame frente a ese soldado,
si no lo ablando completamente con mis latigazos,
si no hago su rostro más suave que leche cuajada;[79]

---

77. Homero, *Ilíada* XIV 196, XVIII 427, y *Odisea* V 90.
78. Homero, *Ilíada* XN 195, XVIII 426, y *Odisea* V 89.
79. Kock, *Com. Att. Frag.* III 432, *Adesp.*, n.º 125.

después, ninguno de los amigos colabora, si antes no ha sido llamado como consejero, y solo cuando ha examinado el asunto y está de acuerdo en que es para algo conveniente o provechoso. Pero si alguien permite al adulador examinar y aprobar conjuntamente el asunto, al no desear ceder y agradar solamente, sino también temiendo causar sospecha de que es negligente y que rehúye el asunto, muestra y ayuda a urgir el deseo. Pues no se encuentra fácilmente un rico ni un rey que diga:

ojalá tuviera un pobre, y, si se quiere,
alguien peor que un pobre, quien,
siendo amigo mío
y dejando a un lado el temor,
me hablara de corazón,[80]

sino que, igual que los poetas trágicos, necesitan un coro que cante acompañando a un teatro que aplauda juntamente. Por eso, la trágica Mérope aconseja:

acepta como amigos a aquellos que no ceden en sus discursos,
pero ponles el cerrojo de tu casa, por peligrosos,
a aquellos que, agradándote, tratan de conseguir un favor.[81]

Ahora bien, ellos hacen lo contrario: abominan de quienes no ceden en sus discursos, y oponen resistencia en torno a lo que es provechoso. Y a los cobardes, groseros y charlatanes, por conseguir un favor no solo los acogen dentro de sus casas cerradas, sino también dentro de sus secretas emociones y asuntos. De entre los

---

80. Eurípides, *Ino.* (Nauck, *Trag. Graec. Frag.: Eurípides,* n.º 412.)

81. Eurípides, *Erecteo.* (Nauck, *Trag. Graec. Frag.: Eurípides,* n.º 362, XI 18-20.)

aduladores, el más simple no cree que sea necesario ni digno ser consejero de tales asuntos, sino ayudante y servidor, pero el más hábil, cuando se une en las deliberaciones, frunce el ceño, afirma con la cabeza y no dice nada; pero si expone su parecer dice: «¡Por Heracles!, te me adelantaste un poco al hablar, pues yo iba a decir esto mismo». Los matemáticos afirman que las superficies y las líneas ni se tuercen ni se extienden ni se mueven por sí mismas, al ser creaciones de la mente e incorpóreas, pero que se tuercen, se extienden y se mueven juntamente con los cuerpos de los cuales son los límites. Del mismo modo descubrirás que el adulador siempre da su consentimiento, enjuicia, siente y, sí, ¡por Zeus!, se irrita conjuntamente, de modo que, en estos asuntos, la diferencia es enteramente fácil de distinguir. Y aún más en el tipo de servicio, ya que el favor que viene del amigo, como el del animal, tiene sus fuerzas más poderosas en lo más profundo de su ser, y no hay allí ninguna demostración ni alabanza, sino que, muchas veces, como el médico cura pasando desapercibido, también el amigo ayuda acercándose o alejándose, preocupándose sin que el otro se dé cuenta. Tal clase de amigo fue Arcesilao[82] en las demás cosas, que, al enterarse de la pobreza de Apeles de Quíos, que estaba enfermo, fue a verlo al punto con veinte monedas de cuatro dracmas, se sentó a su lado y le dijo: «aquí no hay nada sino aquellos cuatro elementos de Empédocles:

fuego, agua, tierra y la suave sublimidad del aire,[83]

pero me parece que no estás bien echado», y a la vez que le arreglaba la almohada, le puso debajo las monedas sin ser advertido. Cuando las encontró una vieja sirvienta y, llena de admiración, se

---

82. Véase nota 43.
83. Diels, *Fragmente der Vorsokratiker* I 230, 1, 18.

lo comunicó a Apeles, este, riéndose, dijo: «Este ardid es cosa de Arcesilao». Y también en filosofía los «hijos» nacen «parecidos» a los padres.[84] En efecto, Lácides, conocido de Arcesilao, defendía junto con otros amigos a Cefisócrates, acusado de un delito grave. Cuando el acusador le pidió el anillo, él lo dejó caer suavemente, y dándose cuenta Lácides le puso el pie encima y lo ocultó. La prueba estaba en el anillo. Después de la sentencia, al ir Cefisócrates a dar las gracias a los jueces, uno de ellos, que al parecer había visto lo ocurrido, le ordenó que le diese las gracias a Lácides y le explicó el asunto, ya que Lácides no se lo había dicho a nadie. Así también, creo que los dioses hacen bien muchas veces sin ser notados y, por ser de este natural, se complacen y alegran en su mismo acto de agradar y hacer bien. Pero el trabajo del adulador no tiene nada de estable ni de auténtico ni de simple ni de liberal; antes bien produce sudores, gritos, carreras, y una tensión en el rostro que da la impresión y tiene el aspecto de una ocupación servicial y diligente, como una pintura muy artificiosa que, con colores procaces y con vestiduras que se doblan y con arrugas y ángulos, intenta darnos impresión de realidad. También es molesto él cuando nos cuenta cómo los hizo, refiriéndonos algunos de sus viajes y cuidados, después las enemistades con otros y las miles de cosas y padecimientos, de tal modo que le puedas decir: «Esto no era digno de esas cosas».[85] Pues todo favor que se echa en cara es molesto, desagradable e insoportable, y en los favores de los aduladores lo censurable y vergonzoso no se produce después,

---

84. Véase Hesíodo, *Trabajos y días* 235. Lácides, citado a continuación, fue un filósofo griego de Cirene en África, del siglo III a. C., que sucedió a Arcesilao, fundador de la Academia Nueva, en la dirección de esta escuela filosófica. Cefisócrates es un personaje solo citado aquí y cuya identidad desconocemos.

85. Véase Aristóteles, *Economía doméstica* 1347b16.

sino seguidamente, mientras se está haciendo. El amigo, en cambio, si es necesario hablar, cuenta los hechos con modestia y no dice nada de sí mismo. Del mismo modo, también los lacedemonios, tras enviar provisiones a los de Esmirna, que estaban necesitados, y que aquellos les expresaran su admiración por el favor, dijeron: «No es nada importante, pues, votando quitarnos a nosotros y a las bestias la comida durante un día, recogimos estas cosas». Tal favor no solo es generoso, sino también agradable a quienes lo reciben, porque piensan que los que les ayudan no sufren grandes males.

23

Así pues, no es, sobre todo, en lo molesto de los servicios del adulador ni en la facilidad de sus promesas en donde uno podría conocer su naturaleza, sino mucho más en lo noble o vergonzoso de su servicio, y en si se distingue por el placer o por la utilidad que proporciona. Pues el amigo no pedirá, como declaraba Gorgias, que el amigo le ayude en las cosas justas, y él le servirá también en muchas cosas que no son justas:

Pues el ser prudente es compartido, no el estar loco.[86]

Más bien lo intentará apartar de las cosas que no son convenientes, y si no lo convence, es útil aquel dicho de Foción a Antípatro: «No me podrás usar como amigo y como adulador», esto es,

---

86. Véase Eurípides, *Ifigenia en Áulide* 407.

como amigo y como no amigo.[87] En efecto, es preciso ayudar al amigo, pero no a que haga el pícaro; aconsejarle, pero no acompañarlo en sus asechanzas; ayudarlo a testificar, no a engañar; y hay que acompañarlo en su infortunio, sí, ¡por Zeus!, pero no cuando comete injusticias. Pues no es deseable conocer con los amigos las cosas vergonzosas, y menos aún hacerlas con ellos y ayudarles a obrar torpemente. En efecto, así como los lacedemonios vencidos en la batalla por Antípatro tras firmar con él la paz, pidieron que les mandase como castigo lo que quisiera, pero nada que fuera vergonzoso.[88] Así es el amigo: si hay algo que requiera gasto, peligro o trabajo, pide ser llamado el primero y participar sin excusas y con buen ánimo, pero cuando solo se trata de una cosa vergonzosa, ruega que le dejen tranquilo y se abstiene.

Pero la adulación hace lo contrario: se excusa en las ayudas que son penosas y que comportan un peligro, y, si lo golpeas para probarlo por algún motivo, suena como algo averiado y de baja calidad.[89] En cambio, en los servicios vergonzosos, bajos y oscuros, sírvete de él, písalo, no creerá que es nada grave ni ignominioso. ¿Ves al mono? No puede guardar la casa como el perro, ni llevar peso como el caballo, ni labrar la tierra como el buey. Por eso soporta el ultraje y sigue las bufonadas y bromas y se presta a

---

87. Foción, general y político ateniense, condenado como enemigo de la democracia y ejecutado en el año 318, habla a Antípatro, general macedonio bajo las órdenes de Filipo II y de su hijo Alejandro, que favoreció en Grecia a los gobiernos oligárquicos y tiránicos. (Véase Plutarco, *Vida de Foción* 30 755B y *Vida de Agis* 2 795E, así como *Moralia* 124B y 188F.)

88. *Ibid.*, 235B.

89. La comparación se hace con un vaso que se pone a prueba golpeándolo con los dedos.

sí mismo como instrumento de risa. Del mismo modo, también el adulador, al no ser capaz de ayudar a otros con palabras o con dinero, o ayudarles en una disputa, quedándose atrás en todo trabajo o esfuerzo, en las cosas fáciles está dispuesto, es un fiel servidor en los asuntos del amor y conoce perfectamente el precio de una prostituta. Y no es negligente para quitar del ánimo el cuidado por el gasto de la bebida, ni perezoso en la preparación de los banquetes; es servicial para las concubinas, y, si se le ordena que sea osado con los parientes y que eche a una esposa, es inflexible e inexorable. Ese hombre no es difícil de distinguir por este comportamiento, pues si le mandas lo que quieras de asuntos oscuros y feos, está dispuesto a olvidarse de sí mismo con tal de agradar al que le manda.

24

No menos se podría conocer al adulador en su disposición con los otros amigos, pues en esto se diferencia mucho del amigo. En efecto, para este es agradable amar y ser amado con otros muchos, y es perseverante en hacer esto por el amigo, para que tenga muchos amigos y muchos honores, porque, pensando que las cosas de los amigos son comunes, cree que nada debe ser tan común como los amigos. Pero el adulador es falso, bastardo y mercenario, porque conoce muy bien que está cometiendo una injusticia con la amistad, convertida por él en una moneda falsa; también es envidioso por naturaleza y usa de la envidia con los semejantes, luchando por sobrepujarlos en truhanerías y en charlatanerías, y tiembla y siente miedo ante el mejor; no, ¡por Zeus!, «marchando a pie tras el carro lidio»⁹⁰, sino «tras el oro refinado»⁹¹ como dice Simónides, «limpio y sin plomo».⁹²

Por eso cuando, siendo ligero, falso y engañoso, se enfrenta de cerca con una amistad verdadera, digna y firme, al no poder soportar la prueba y al ser descubierto, hace lo mismo que uno que había pintado gallos muy mal. Pues mientras este mandó a su esclavo que ahuyentara los gallos verdaderos lejos de la pintura, aquel ahuyenta a los amigos verdaderos y no les deja acercarse. Y si no puede, los adula públicamente, honra y admira como a los mejores, pero a escondidas malmete y siembra calumnias y, después de que las palabras ocultas han removido la herida, si no consigue al punto totalmente su propósito, recuerda y observa aquello de Medio.

Era Medio como el caudillo del coro de los aduladores de Alejandro y había conspirado, como el más ladino enemigo, contra todas las personas honradas. En efecto, les ordenaba que con osadía atacasen y ofendiesen con calumnias, enseñando que, si el ofendido se curaba la herida, quedaría la cicatriz de la calumnia. Sin embargo, consumido con estas cicatrices —más bien gangrenas y cánceres—, Alejandro mandó matar a Calístenes, a Parmenión y a Filotas, y se dejó trastornar sin cuidado alguno por los Hagnones, Bagoas, Agesias y Demetrios, permitiendo ser adorado, vestido y modelado por ellos como una estatua bárbara.⁹³ Así, el hacer un

---

90. Queriendo alcanzar a quien nos lleva gran ventaja.

91. Véase Bergk, *Poet. Lyr. Gr.* I 469 fr. 206. Según Plutarco, *Vida de Nicias* I 523B, es de Píndaro.

92. Bergk, *Poet. Lyr. Gr.* III 417 fr. 64, con alguna variante.

93. Calístenes, a quien Alejandro mandó matar por su franqueza, fue un filósofo de Olinto que estudió con Aristóteles y acompañó a Alejandro Magno en sus campañas de Asia. Hagnón, Demetrio y Agesias son los nombres de tres favoritos y aduladores de Alejandro, y Bagoas un eunuco

favor tiene una fuerza tan grande, y la más grande, según parece, entre aquellos que se creen los más poderosos. En efecto, el creer que uno tiene lo mejor, unido al deseo de tenerlo, da al adulador confianza y valor. Pues los lugares más elevados son de difícil acceso y difíciles de alcanzar para los enemigos, pero la altivez y el orgullo a causa de una buena fortuna y de una bella figura son sobre todo accesibles a los pequeños y a los humildes.

25

Por eso al comenzar nuestro discurso aconsejábamos, y ahora de nuevo aconsejamos, erradicar de nosotros mismos el amor propio y la arrogancia. Pues esta, adulándonos de antemano, nos hace más blandos con los aduladores de fuera, como si fueran alguien. En cambio, si obedeciendo a la divinidad y aprendiendo que para cada uno el precepto «conócete a ti mismo» es lo más estimable de todo, revisáramos con cuidado, junto a nuestra naturaleza, nuestra crianza y nuestra educación, cuánto les falta de bueno y lo mucho que hay mezclado mala y vanamente en nuestras obras, palabras y pasiones, no dejaríamos a los aduladores que nos pisaran tan fácilmente. A este respecto, Alejandro decía que desconfiaba de los que le invocaban como a un dios por su dormir sobre todo, y por su pasión por los placeres del amor, pues en estas dos cosas se encontraba a sí mismo más innoble y más susceptible. Nosotros, si observamos con frecuencia nuestros propios y numerosos defectos, miserias, imperfec-

favorito del mismo rey. (Véase Plutarco, *Vida de Alejandro* 22 677B y *Moralia* 717B.)

ciones y errores, nos descubriremos constantemente a nosotros mismos, siempre que no haya un amigo que nos alabe y que hable bien de nosotros, sino que nos reprenda, nos hable con libertad y nos censure. Pues son pocos entre muchos los que se atreven a hablar con franqueza más que a dar gusto a los amigos. Y, de nuevo, entre esos pocos no podrías encontrar fácilmente a los que saben hacer esto, sino a los que creen que, si injurian y censuran, emplean la franqueza. Sin embargo, igual que con una medicina, también con la franqueza no utilizada a su debido tiempo es posible causar pena inútilmente y perturbar, y hacer de alguna manera con dolor lo que hace la adulación con placer. En efecto, no dañan solo los que alaban inoportunamente, sino también los que censuran. Y esto, sobre todo, nos hace más asequibles, de forma indirecta, a los aduladores, pues nos deslizamos, como el agua, desde los lugares difíciles y escarpados hacia los cóncavos y suaves.

Por esto es preciso mezclar la franqueza con buenas maneras y tener razonamientos que se lleven lo que hay de excesivo y de impuro en ella, como en la luz, para que, por ser los perturbados y por sufrir por los que todo lo reprochan y por los que acusan a todos, no huyan hacia la sombra del adulador, y se den la vuelta hacia lo que no causa tristeza. Así pues, amigo Filópapo, se debe huir de toda maldad por medio de la virtud, no por medio de la maldad contraria, tal como algunos piensan que deben huir de la vergüenza con la desvergüenza, de la rusticidad con la truhanería, y que colocan su forma de ser lo más lejos de la cobardía y la maldad, si parecen estar cerca de la temeridad y la osadía. Algunos también consideran un rechazo de la superstición y la necedad su ateísmo y su malicia; es el caso de los que tuercen su carácter como si fuera una madera, desde su propia tendencia hacia la parte contraria, por no saber cómo ponerlo derecho. La peor negación de la adulación es ser molesto sin necesidad, y, ciertamente, es propio de una persona grosera e inexperta huir de lo innoble y lo ruin en la amistad con la antipatía y la hostilidad hacia la benevolencia del trato, como el liberto en la comedia, que piensa que la difamación es el disfrute de la igualdad de palabra. Así pues, es feo caer en la adulación, persiguiendo hacer favores, y es feo, por huir de la adulación con una desmedida franqueza, destruir la amistad y la solicitud; conviene no padecer ninguna de las dos cosas, sino, como en cualquier otro caso, también en la franqueza alcanzar el bien por medio de la moderación. El mismo discurso, que pide la continuación, parece imponer este final a nuestro escrito.

26

Así pues, como vemos que muchos más infortunios acompañan a la franqueza, en primer lugar alejaremos de esta el amor propio, guardándonos muy bien de parecer que censuramos al amigo por motivos propios, por padecer alguna injusticia o dolor.

No crean que el discurso, que se dice en favor del mismo que habla, no surge de la benevolencia sino de la cólera, ni que no es una advertencia, sino un reproche. En efecto, la franqueza es algo amistoso y honroso, pero el reproche es egoísta y mezquino. Por eso respetamos y admiramos a los que nos hablan con franqueza, y censuramos y despreciamos a los que solo les gusta reprochar. Agamenón, sin embargo, no pudo sufrir a Aquiles, que parecía que le hablaba moderadamente y con franqueza, pero ante Odiseo, que le atacaba duramente y le decía:

cruel, ojalá tuvieras el mando de otro ejército odioso,[94]

---

94. Homero, *Ilíada* XIV 84.

cedió y lo soportó, vencido por la solicitud y sensatez de sus palabras. Pues este le reprochaba, no porque tuviera una causa de ira particular contra él, sino por la Hélade, pero aquel parecía que se indignaba sobre todo por sí mismo. En efecto, el mismo Aquiles, aunque no era «blando de corazón, ni de ánimo apacible», sino «un hombre cruel y dispuesto a culpar al inocente»,[95] en silencio permite a Patroclo que le acuse de muchas cosas, como estas:

> *implacable, ciertamente, no fue tu padre el caballero Peleo*
> *ni tu madre Tetis; a ti te engendró el glauco mar*
> *y las rocas escarpadas, pues tienes un corazón duro.*[96]

Y así como Hipérides, el orador, pedía a los atenienses que considerasen no solo si era duro en sus discursos, sino también si era duro en vano, del mismo modo la amonestación del amigo que carece de toda pasión propia es respetable, seria y hace que no te atrevas a oponerte a ella.[97] Asimismo, si uno muestra claramente, cuando habla con franqueza, que pasa por alto y olvida enteramente las faltas de su amigo cometidas contra él, pero que reprocha sus otros errores y lo censura por otras cosas y no lo perdona, este tono de franqueza es invencible, porque la dulzura del que amonesta aumenta la dureza y la severidad de la amonestación. Por eso está bien dicho aquello de que conviene actuar y mirar en las iras y diferencias con los amigos, sobre todo por las cosas que son provechosas y convenientes para aquellos. Y no es menos propio de un amigo que, cuando nos parezca que nosotros mismos somos despreciados y que no se nos tiene en cuenta, hablar con franqueza de otros que también son objeto de descuido y recordarlos.

---

95. Homero, *Ilíada* XX 467, y XI 654 con XIII 775 para el segundo verso.
96. Homero, *Ilíada* XVI 33.
97. Fr. 212J. (Véase Plutarco, *Vida de Foción* 10 746 D.)

Por ejemplo, Platón, en sus sospechas y diferencias con Dionisio, le pidió una oportunidad para conversar y él se la concedió al punto, creyendo que Platón tenía que tratar y quejarse de algo sobre sí mismo, pero Platón le habló más o menos así:

—Si te enteraras, Dionisio, de que un enemigo navegaba hacia Sicilia con la intención de causarte algún mal, pero no encontrase la ocasión, ¿acaso le dejarías zarpar y le permitirías escapar indemne?

—Lejos de ello —dijo Dionisio— oh Platón, pues es necesario odiar y castigar no solo las obras de los enemigos sino también sus intenciones.

—Entonces —dijo Platón— si alguno por benevolencia hacia ti, llegando hasta aquí, quiere hacerte algún bien, pero tú no le das la oportunidad, ¿es justo que tú lo expulses sin darle las gracias y sin prestarle atención?

Tras haber preguntado Dionisio de quién se trataba, le dijo:

—Esquines, un hombre ilustre por su carácter, como cualquiera de los compañeros de Sócrates, y poderoso en su discurso para mejorar a aquellos con los que se reúne, después de navegar hasta aquí a través de un mar tan extenso, para tener relación contigo a través de la filosofía, no ha recibido tu atención.

—Estas cosas turbaron tanto a Dionisio que al punto echó las manos alrededor de Platón y lo abrazó, admirando su benevolencia y grandeza de sentimientos, y cuidó de Esquines muy bien y con generosidad.[98]

---

98. Esquines, por quien intercede Platón era un discípulo de Sócrates. (Véase *Socratis et Socraticorum epistulae* 23.)

27

Así pues, en segundo lugar, como los que hacen una purga, suprimiremos de nuestra franqueza los condimentos desagradables, todo orgullo, risa, burla y chocarrería. Pues, igual que el médico al cortar la carne conviene que se deslice en su trabajo con delicadeza y con limpieza, y su mano debe abstenerse de todo movimiento bailarín y atrevido, de toda gesticulación curiosa, del mismo modo la franqueza admite habilidad y elegancia, si la gracia conserva dignidad, pero el atrevimiento, la desvergüenza y la arrogancia unidos la destruyen y matan completamente. Por ello, el arpista, de una manera muy fina y convincente, hizo callar a Filipo,[99] que intentaba competir con él en el arte de tocar instrumentos de cuerda, diciéndole: «Ojalá nunca te vaya tan mal, oh rey, como para que sepas esto mejor que yo». Epicarmo,[100] por el contrario, obra muy mal cuando, tras haber hecho matar Hierón[101] a algunos de sus allegados y habiéndolo hecho llamar a él pocos días después a un banquete, le dijo: «Pero, cuando hace poco hiciste un sacrificio, no llamaste a los amigos». Y contestó mal Antifonte[102] cuando, en medio de una discusión delante de Dionisio surgió una pregunta como: «¿Cuál es el bronce mejor?», aquel dijo: «Aquel del que los atenienses hicieron las estatuas de Harmodio y Aristogitón»;[103] ya

---

99. El padre de Alejandro Magno. La anécdota se encuentra también en *Moralia* 179B, 334D, y 634D.

100. Uno de los creadores de la comedia doria en Sicilia (550-460 a. C.).

101. Hierón el Viejo, tirano de Siracusa (Sicilia), entre los años 378-367.

102. Famoso orador ateniense (480-411 a. C.). (Véase *Moralia* 833D.)

103. Los célebres tiranicidas de Atenas, que dieron muerte a Ripias, hijo del tirano Pisístrato, en el año 514 a. C. (Véase Heródoto, V 55-61.)

que no aprovecha la ofensa y la dureza de estas contestaciones, ni agrada la chocarrería y diversión, sino que tal comportamiento es una especie de incontinencia con odio, mezclada con malicia y arrogancia, por la que aquellos que la emplean se destruyen a sí mismos, por cuanto danzan mal la danza sobre el pozo.[104] Antifonte murió por orden de Dionisio, y Timágenes perdió la amistad de César porque nunca empleó un lenguaje generoso. Al contrario: en las reuniones y en las discusiones decía una y otra vez sin ninguna buena intención «solo aquello que le parecía chistoso»,[105] favoreciendo los ataques por ambas partes como una excusa para el vituperio. Muchas cosas duras y pertenecientes a la política también son llevadas al teatro por poetas cómicos,[106] pero por estar mezcladas con ellas la risa y la chocarrería, como los ingredientes de baja calidad para las comidas, convierten la franqueza en algo sin consistencia e inútil, de forma que para quienes lo dicen queda la fama de maliciosos y desvergonzados, y los oyentes no sacan ninguna utilidad de las cosas que se dicen. Así pues, de otra manera se ha de tratar la broma y la risa con los amigos. La franqueza, que tenga seriedad y buenas maneras. Si trata de cosas muy importantes, que el discurso sea fidedigno y estimulante por su pasión, por su forma y por el tono de voz. Pues, en todo, el momento oportuno que se ha dejado pasar produce grandes daños, pero, más que nada, destruye la utilidad de la franqueza. Así pues, que tal cosa se ha de vigilar en el vino y en la embriaguez es evidente. Pues cubre el buen tiempo con nubes el que, entre bromas y complacencias, compone un discurso que hace levantar el ceño y arrugar la frente, como si se opusiera al dios Liberador que, como dice Píndaro, «desata los lazos de

---

104. Proverbio griego empleado para señalar a aquellos que, de una forma alocada, caen en el infortunio.

105. Homero, *Ilíada* II 215.

106. Por ejemplo, por Aristófanes, en *Ranas* 686 ss.

las preocupaciones insoportables».[107] También la falta de oportunidad comporta un gran peligro. Las almas son muy inclinadas a la ira a causa del vino, y, muchas veces, si se cruza en el camino la embriaguez la franqueza se convierte en enemistad. Y, en general, no es cosa noble ni que inspire confianza, sino de cobardes, que mientras estés sobrio, hables con franqueza en la mesa de quien no puede hablar con franqueza, como perros cobardes. Por tanto, no debemos extendernos al hablar de estos temas.

28

Puesto que hay muchos que no quieren ni se atreven a amonestar a sus amigos cuando les va bien en los negocios, sino que, en general, piensan que la prosperidad es inaccesible e inalcanzable a la corrección, pero atacan a los que han caído y fracasado, y pisotean a los que están abatidos y humillados, dejando caer sobre ellos incesantemente, como una corriente que crece contra naturaleza, su franqueza, y disfrutando contentos del cambio por el anterior orgullo de aquellos y por su propia debilidad, no es malo hablar de estas cosas y contestar a Eurípides cuando dice:

cuando la divinidad nos da la prosperidad,
¿qué necesidad hay de amigos?[108]

---

107. Bergk, *Poet. Lyr. Gr.* I 480 fr. 248. «Liberador» es uno de los epítetos de Dioniso.

108. *Orestes* 667.

Que sobre todo los afortunados necesitan de amigos que les hablen con franqueza y reduzcan el orgullo de su mente. Hay pocos a los que con la prosperidad les sobrevenga el ser sensatos; la mayoría necesita de reflexiones externas y razonamientos que los empujen desde fuera a ellos que están crecidos y turbados por la suerte. Pero cuando la divinidad los derrumba y los despoja de su esplendor, en las mismas cosas se halla la amonestación que les produce remordimiento. Por ello no existe entonces la utilidad de la franqueza amistosa ni de las palabras que tienen peso y censura, sino que, en verdad, en tales cambios

es dulce mirar a los ojos de una persona amable[109]

que les exhorte y anime. Como el rostro de Clearco, quien, dice Jenofonte,[110] en medio de las batallas y en los momentos terribles, al ser visto amable y bondadoso, hacía más valerosos a los que se encontraban en peligro.

Sin embargo, el que aplica la franqueza y el reproche a un hombre que está en desgracia, como un estimulante para la visión aplicado a un ojo que está turbado e inflamado, no produce ninguna sensación ni libera del dolor; antes bien añade irritación al dolor y exaspera al que está afligido. Así pues, al punto, quien está sano no es áspero ni cruel en absoluto con un hombre amigo que le reprocha sus amoríos y sus borracheras, y le reprocha su falta de ejercicios corporales, sus frecuentes baños y sus inoportunas comilonas. Pero, para el que está enfermo no es insoportable, sino una enfermedad mayor, el oír: «Estas cosas te suceden por tu libertinaje y molicie, y por las golosinas y por las mujeres», «Vaya falta de oportunidad, ¡hombre!, estoy escribiendo mi testamento y los médicos

---

109. Eurípides, *Ión* 732, y más arriba, p. 46.
110. *Anábasis* II 6, 11.

99

me están preparando un castorio y escamonio,[111] y tú me reprochas y filosofas». Por esto, del mismo modo, también los hechos de los que son desgraciados no aceptan la franqueza y la acción de hablar por sentencias, sino que están necesitados de discreción y ayuda. Y por eso también las nodrizas no corren hacia los niños que se caen para hacerles reproches, sino que los levantan, los lavan y arreglan, y, después, les reprenden y castigan.

Se cuenta también que Demetrio Falereo, cuando estaba desterrado de su ciudad y llevaba en Tebas una vida oscura y vivía humildemente, no vio con agrado que Crates fuera a verlo, porque temía su cínica franqueza y sus severos discursos.[112] Pero, después de que Crates se le acercara mansamente y le hablara de su destierro, de que no era nada malo, ni era justo que sufriera por ello, pues le libraba de negocios muy pesados e inciertos, y le pedía, a la vez, que tuviese confianza en sí mismo y en sus cualidades, alegrándose y volviendo a tener ánimo, dijo a sus amigos: «¡Mal haya de aquellos negocios y ocupaciones por los que no conocí a un hombre como este!».

Pues, para el que está triste, una palabra amiga es saludable,
pero para el que está demasiado loco, las amonestaciones.[113]

---

111. Medicina purgativa, extraída de las raíces de la escamonea, gomorresina de color gris, olor fuerte y sabor acre y amargo. Para el «castorio», véase la nota 37.

112. Demetrio Falereo, político ateniense del siglo IV a. C., orador, filósofo, discípulo de Aristóteles y amigo de Teofrasto, en el año 327 fue expulsado de su cargo al frente del estado ateniense y marchó a Egipto. Allí lo visitaría Crates de Tebas, filósofo cínico y discípulo de Diógenes de Sínope (365-285 a. C.).

113. Nauck, *Trag. Graec. Frag.: Euripides,* n.° 962. (Véase También *Moralia* 102B.)

Esta es la forma de ser de los amigos nobles. Los viles y miserables son aduladores de los que están en la prosperidad, «como las fracturas y los desgarramientos —dice Demóstenes—,[114] cuando algún mal le sobreviene al cuerpo, entonces se hacen sentir», y estos se crecen en los cambios de fortuna, como si se alegraran y gozaran con ellos. Y si se necesita de algún aviso en aquellas cosas en las que, mal aconsejado por el vil, se ha tropezado, es suficiente aquello de:

En modo alguno según nuestra intención,
pues yo, ciertamente, intenté disuadirte muchas veces.[115]

29

¿En qué casos, entonces, debe ser severo el amigo y emplear alguna vez con fuerza la franqueza? Cuando las circunstancias le invitan a censurar el placer, un acto de ira o de soberbia, o a cortar la avaricia, o a oponerse a un hábito insensato. Así habló con franqueza Solón a Creso, que estaba corrompido y muy ensoberbecido a causa de una felicidad incierta, cuando le aconsejó que mirase el final.[116]

De esta manera, Sócrates refrenaba a Alcibíades y derramaba lágrimas sinceras, cuando lo censuraba e intentaba cambiar su co-

---

114. *De la corona* 198.
115. Homero, *Ilíada* IX 108.
116. Heródoto, I 30-32, y Plutarco, *Vida de Solón* 20 (94D).

razón.[117] Semejantes fueron los comportamientos de Ciro con Ciáxares,[118] y de Platón con Dión, cuando estaba en lo más alto de su gloria y atraía hacia sí a todos los hombres a causa de la belleza y la grandeza de sus obras, al aconsejarle que evitara y temiera la «arrogancia como algo inseparable de la soledad».[119] También Espeusipo le escribió que no se enorgulleciera si se hablaba mucho de él entre muchachos y mujeres, sino que mirase cómo, adornando Sicilia con piedad y justicia y con las mejores leyes, daba celebridad a la Academia.[120] Por el contrario, Eucto y Euleo, amigos de Perseo,[121] frecuentaron su compañía por agradarle, cuando le sonreía la fortuna, y dándole la razón, le fueron adictos como los demás, pero, después de que, tras luchar con los romanos junto a Pidna, cayó y huyó, lo criticaron duramente, arrojándose sobre él, y le recordaron lo que había errado y lo que había descuidado, echándole en cara cada cosa. Y el hombre, sufriendo enormemente de pena y de ira, hiriéndolos a los dos con un puñal, los mató.

---

117. Platón, *Banquete* 215e; véase también Plutarco, *Vida de Alcibíades* 6 194B.

118. Ciro, el rey persa del siglo VI a. C., respecto a Ciáxares, hijo de Astiages, el rey de Media. (Véase Jenofonte, *Ciropedia* V 5, 5 ss.)

119. Para Dión, véase la nota 27. (Platón, *Cartas* IV 321b, y Plutarco, *Vida de Dión* 8 961C, 52 981B y *Vida de Coriolano* 15 220D.)

120. Filósofo griego que en el año 347 a. C. sucedió a Platón, su tío, en la dirección de la Academia. También Diógenes Laercio (IV 5) hace referencia a sus cartas a Dión.

121. Último rey macedonio, derrotado por los romanos bajo el mando de Lucio Emilio Paulo en el año 168 a. C. (Véase Plutarco, *Vida de Emilio Paulo* 23 267D.)

30

De esta forma quede definida, en general, la oportunidad de la franqueza. Pero las oportunidades que los amigos mismos procuran no las debe dejar escapar el amigo cuidadoso sino usarlas. En algunas ocasiones, una pregunta, un relato y el reproche o la alabanza de cosas semejantes en otras personas son como un preludio para la franqueza. Así, se dice que Demarato llegó a Macedonia desde Corinto en un momento en que Filipo estaba reñido con su mujer y su hijo. Después de abrazarle Filipo y de preguntarle cómo los griegos mantenían la concordia unos con otros, Demarato, que era amable y amigo íntimo suyo, le dijo: «En verdad es muy hermoso, oh Filipo, por tu parte, que preguntes por la concordia entre los atenienses y los peloponesios, pero no que te despreocupes de tu propia casa, que está llena de revolución y discordia».[122] Y también lo hizo bien Diógenes, quien, cuando se iba a marchar para luchar con los griegos, después de entrar en el campamento de Filipo fue conducido ante él, y este, sin conocerlo, le preguntó si era un espía: «Sí —respondió—, oh Filipo, un espía de tu insensatez y necedad; por la que, sin obligarte nadie, vas a jugarte a los dados tu reino y tu vida en una hora».[123] Esto, en efecto, es quizá demasiado duro.

---

122. Véase *Moralia* 179C, donde se relata el resultado feliz de la franqueza de Demarato con Filipo, y también Plutarco, *Vida de Alejandro* 9 669C.

123. Véase *Moralia* 606B.

31

Otra oportunidad para la amonestación se presenta cuando quienes son censurados por otros por las faltas que cometen, se sienten humillados y se deprimen. Un hombre inteligente sabría usarla convenientemente rechazando y rehuyendo a los que censuran, y cogería a su amigo en particular y le recordaría que, aunque no fuera por ninguna otra razón, debían tener cuidado por esto, para que los enemigos no sean atrevidos: «¿Cómo podrán estos abrir la boca, cómo podrán hablar contra ti, si rechazas y destierras esas cosas por las que hablan mal de ti?». De esta forma sucede que la afrenta es del que censura y el provecho del amonestado. Algunos lo hacen de un modo más elegante, pues al censurar a los demás, se están dirigiendo a sus amigos; en efecto, acusan a otros de lo que saben que aquellos hacen. En una reunión vespertina, nuestro maestro Amonio, al saber que algunos de sus discípulos habían hecho un almuerzo nada frugal, mandó a un liberto que azotase a su propio esclavo, explicando que él no podía almorzar sin vinagre. Al mismo tiempo nos miró, de suerte que el castigo alcanzase a los culpables.

32

Se ha de evitar, sin duda, además, utilizar la franqueza con el amigo delante de muchos, pensando en el incidente en el que Platón, después de que Sócrates atacase muy violentamente a uno de sus discípulos mientras hablaba en la mesa, dijo: «¿No hubiera sido mejor que tú le hubieras dicho estas cosas en privado?». Y Sócrates le respondió: «¿Y tú no hubieras hecho mejor diciéndome a solas esto?».

Se cuenta también que, después de que Pitágoras reprendiera muy duramente a un amigo en presencia de otros muchos, el joven se ahorcó por ello y que, desde entonces, nunca más Pitágoras volvió a reprender a nadie estando otro presente.[124] En efecto, es necesario que la amonestación y el descubrimiento de una falta, como los de una enfermedad indecorosa, se hagan en secreto y sin convocar una asamblea, sin ostentación y sin testigos y espectadores, pues no es propio de un amigo, sino de un sofista, ufanarse con los errores ajenos, jactándose ante los presentes como los cirujanos que realizan su trabajo en los teatros con el fin de adquirir clientela.

Fuera de la injuria, que no se debe permitir en ningún tratamiento, hay que prestar atención a la rivalidad y a la arrogancia de este vicio. Pues no se puede decir simplemente, como Eurípides, «el amor reprendido atormenta más»,[125] sino que, si uno reprende en presencia de muchos y no perdona, todo vicio y toda pasión se convertirán en algo vergonzoso. Por eso, igual que Platón pedía que los ancianos que intentan infundir sentido del respeto entre los jóvenes respetaran ellos mismos primero a los jóvenes,[126] del mismo modo entre los amigos una franqueza modesta engendra sobre todo modestia, y acercarse poco a poco con precaución y atacar al que ha errado socava y destruye el vicio que se llena de respeto hacia aquello que lo respeta. Por ello, tiene razón el verso:

---

124. Filósofo griego, matemático y físico de la isla de Samos (580-500 a. C.).

125. *Estenebea*; véase Nauck, *Trag. Graec. Frag.: Eurípides*, n.º 665.

126. *Leyes* 792c. (Véase *Moralia* 14B, 144F y 272C.)

teniendo la cabeza cerca, para que no se enterasen los demás.[127]

Y no conviene en modo alguno descubrir a un hombre si escucha a su mujer, a un padre en presencia de sus hijos, a un amante en presencia del amado, o a un maestro en presencia de sus discípulos, pues se ponen fuera de sí de pena y de dolor, si son reprendidos delante de aquellos entre los que quieren ser estimados. También creo que Clito no irritó tanto a Alejandro por su embriaguez como porque le parecía que lo humillaba en presencia de muchos.[128] Y Aristómenes, el maestro de Ptolomeo,[129] cuando golpeó al rey que dormitaba para despertarlo estando presente una embajada, dio una oportunidad a los aduladores, que fingían disgustarse por el rey y decían: «Si te hubieras quedado dormido por tus muchas ocupaciones y por tu falta de sueño, habríamos debido censurarte en privado, no ponerte las manos encima delante de hombres tan importantes». Él, habiendo enviado un vaso de veneno, mandó que Aristómenes lo bebiera. Aristófanes dice que también censuraba a Cleón, que

en presencia de gente extranjera hablaba mal de la ciudad[130]

e irritaba a los atenienses. Por eso es necesario que se guarden mucho también de este vicio, junto con los demás, quienes desean no hacer ostentación ni demagogia, sino emplear la franqueza de un modo beneficioso y diligente.

---

127. Homero, *Odisea* I 157, y otros.
128. Véase Plutarco, *Vida de Alejandro* 50-51 (693C), donde se narra esta historia.
129. Ptolomeo V Epífanes (205-181 a. C.). (Véase Polibio, XV 31.)
130. *Acarnienses* 503.

Y lo que Tucídides,[131] ciertamente, ha hecho que digan los corintios de sí mismos, que son «dignos de censurar» a otros, no estaba mal dicho y convendría que lo tuvieran presente los que hablan con franqueza. Pues Lisandro, según parece, dijo a uno de los de Mégara, que en presencia de los aliados hablaba con franqueza sobre Grecia, que sus palabras necesitaban una ciudad.[132] La franqueza necesita, igualmente, de un hombre de carácter y esto es especialmente cierto referido a quienes amonestan a otros y los corrigen. En efecto, Platón decía que reprendía a Espeusipo con su vida, como seguramente también Jenócrates a Polemón:[133] con solo haberlo mirado en la conversación y haber puesto los ojos en él, lo mudó y cambió. Pero si un hombre ligero y de mal carácter quiere usar la franqueza en su discurso, conviene que escuche antes esto:

tú eres médico de otros, estando tú mismo cubierto de llagas.[134]

---

131. I 70.

132. Es decir, que sus palabras las necesita una ciudad que tenga poder para realizar lo que se está pidiendo. (Véase Plutarco, *Vida de Lisandro* 22 445D, y *Moralia* 190E y 229C. Lo mismo se atribuye a Agesilao en *Moralia* 212E.)

133. Jenócrates de Caledón y Polemón de Atenas, del siglo IV a. C., maestro y discípulo respectivamente, dirigieron la Academia platónica. Sobre Platón y Espeusipo, véase *Moralia* 491F, así como más arriba, nota 120.

134. Nauck, *Trag. Graec. Frag.: Eurípides*, n.º 1086, citado también más arriba (p. 23) y en *Moralia* 481A y 1110E.

33

Sin embargo, puesto que, siendo nosotros mismos malos y, al encontrarnos con otros que son iguales, muchas veces las circunstancias nos llevan a amonestarlos, la forma más adecuada sería la que de alguna manera implicara y abarcara en la censura a quien habla con franqueza. Así, el verso en el que se dice:

Tídida, ¿sufriendo nosotros tanto,
nos hemos olvidado de nuestro impetuoso valor?[135]

y aquel:

Ahora ni siquiera valemos lo que solo uno, Héctor.[136]

También, del mismo modo, Sócrates reprendía poco a poco a los jóvenes, como si tampoco él estuviera libre de ignorancia, sino pensando que, juntamente con aquellos, tenía que preocuparse de la virtud y buscar la verdad. Pues se ganan afecto y confianza los que parece que cometen las mismas faltas y que mejoran a los amigos como a sí mismos. Pero el que se alaba a sí mismo como hombre puro y limpio al reprender a otro, a no ser que sea de edad muy avanzada, y si no tiene reconocida una dignidad por su virtud y su fama, por parecer odioso y pesado no reporta utilidad alguna. Por eso Fénix resaltó sus propias desventuras: cómo intentó por ira matar a su padre y cómo se arrepintió enseguida,

---

135. Homero, *Ilíada* XI 313.
136. Homero, *Ilíada* VIII 234-235.

para que no fuera llamado parricida entre los aqueos,[137]

no sin ningún propósito, sino para no parecer que reprochaba a aquel,[138] como si él estuviera limpio de ira y de otras faltas. Tales amonestaciones penetran moralmente, y se cede más entre los que parece que padecen defectos semejantes, pero no ante los que parece que nos menosprecian.

Puesto que una luz brillante no debe ser aplicada a un ojo hinchado, ni un alma apasionada acepta la franqueza y la amonestación desnudas, entre las más provechosas de las ayudas está la alabanza que se mezcla livianamente, como en estos versos:

Vosotros ya no abandonáis con honra vuestra impetuosa bravura,
pues sois los mejores en el ejército, ni yo increparía
a un hombre que abandonara el combate siendo un miserable;
pero me indigno en mi corazón contra vosotros.[139]

Y:

Oh Píndaro, ¿dónde están tu arco, tus aladas flechas
y tu fama, con las que ningún hombre aquí rivaliza?[140]

Y, claramente, animan mucho también palabras como estas a los que se dejan llevar por el error:

¿Y dónde está Edipo y aquellos sus famosos enigmas?[141]

---

137. Homero, *Ilíada* IX 461.
138. Se refiere a Aquiles.
139. Homero, *Ilíada* XIII 116-119.
140. Homero, *Ilíada* V 171-172.
141. Eurípides, *Fenicias* 1688.

Y:

Heracles, que ya ha sufrido tanto, ¿dice estas cosas?[142]

Pues esto no solo suaviza la aspereza y la represión del reproche, sino que también hace que uno sea celoso consigo mismo al avergonzarse de sus malas acciones con el recuerdo de las buenas, y al ponerse a sí mismo como ejemplo de lo que es lo mejor. Pero cuando los comparamos con otros de la misma edad, con ciudadanos o familiares, el espíritu de rivalidad propio del vicio se disgusta e irrita, y muchas veces acostumbra a contestar esto con ira: «¿Por qué no te marchas con los que son mejores que yo y no me produces dificultades?». En efecto, se ha de llevar cuidado para, al hablar con franqueza a unos, no alabar a otros a no ser que, sí, ¡por Zeus!, sean los padres. Así lo hace Agamenón:

Tideo engendró a un hijo poco parecido a él,[143]

y Odiseo dice en *Los escirios*:

¿Y tú, nacido del padre más noble entre los griegos, ¡ay!, estás hilando, deshonrando la resplandeciente luz de tu linaje?[144]

---

142. Eurípides, *Heracles* 1250.

143. Homero, *Ilíada* V 800.

144. De autor desconocido (Nauck, *Trag. Graec. Frag.*: *Adesp.*, n.º 9; citado también en *Moralia* 34D).

34

De ningún modo conviene que quien es amonestado amoneste y que oponga franqueza a franqueza, pues rápidamente inflama y produce desacuerdo y, en general, no parecería que el tal altercado fuese propio de uno que quisiera, a su vez, contestar con franqueza, sino propio de uno que no soportase la franqueza. En efecto, es mejor soportar al amigo que piensa amonestar, ya que, si después él mismo comete una falta y necesita amonestación, esto mismo admite que se conteste con franqueza a una interpelación hecha con franqueza. Pues, recordándole, sin propósito de revancha, que tampoco él acostumbra a dejar pasar las faltas que cometen los amigos, sino que suele reprochar y enseñar, más otorgará y aceptará la corrección, por ser la recompensa de una gracia y de un favor, no de un reproche ni de un acto de ira.

35

Además, Tucídides dice: «El que por hechos de gran importancia se atrae la envidia, decide rectamente».[145] Al amigo le conviene aceptar lo desagradable que procede de una amonestación por cosas grandes y muy importantes. Si se enfada con todo y por todo y se acerca a los amigos no con amistad sino como un maestro, será débil e inútil cuando amoneste en las grandes ocasiones, abusando de la franqueza, como el médico que abusa de un medicamento

---

145. II 64.

fuerte o amargo, pero necesario y excelente en muchas y pequeñas cosas, en casos en que es innecesario. Por eso él se cuidará mucho de ser un censor constante. Y cuando el otro sea minucioso y encuentre faltas en todo, entonces el amigo tendrá la oportunidad para amonestarle en los defectos mayores. Pues también el médico Filótimo,[146] al ver el dedo ulceroso de un hombre que sufría de un absceso en el hígado, le dijo: «¡Mi querido amigo!, no está tu mal en un panadizo».[147] Ciertamente, también la ocasión permite al amigo decir al que le acusa de cosas pequeñas y de ningún valor «¿por qué hablamos de bromas, festines y charlatanes? Mi querido amigo, que despida a la concubina, que deje de jugar a los dados y las demás cosas, y ese será para nosotros un hombre admirable». Pues el que consigue el perdón en las cosas pequeñas, concede al amigo de buena gana la franqueza en las grandes. Por el contrario, el que está siempre y en todo amargado y triste por querer saberlo todo y por ocuparse de muchas cosas, es insoportable no solo a los hijos y a los hermanos, sino también a los esclavos.

36

Y, puesto que no todos los males, según Eurípides,[148] acompañan a la vejez ni a la necedad de los amigos, es necesario observar a los amigos no solo cuando cometen faltas, sino también cuando

---

146. Véase *Moralia* 43B, donde se cuenta la misma anécdota.

147. Inflamación aguda del tejido celular de los dedos, principalmente de su primera falange.

148. *Fenicias* 528.

obran bien, y, ¡por Zeus!, alabarlos de buena gana en primer lugar. E igual que el hierro se condensa con el frío y, después de haberse relajado por el calor y haberse hecho blando, acepta más tarde convertirse en acero, del mismo modo a nuestros amigos, una vez que han sido suavizados y calentados por las alabanzas, les aplicaremos poco a poco, como un temple de hierro, la franqueza. Pues la ocasión nos permite decir: «¿Acaso es justo comparar aquello con esto? ¿Ves qué frutos produce el bien? Estas cosas pedimos tus amigos, estas cosas son apropiadas para ti, has nacido para estas cosas, pero aquellas debes tú desterrarlas lejos de ti,

hacia el monte o hacia la ola del mar resonante».[149]

Y así como el médico bueno desearía curar la enfermedad del que sufre con sueño y con alimentos más que con castorio y escamonio,[150] del mismo modo también el amigo amable, un buen padre y un maestro se alegran si usan la alabanza más que el reproche para corregir el carácter. Pues no hay otra cosa que consiga que el que habla con franqueza haga menos daño y cure tanto como el evitar la ira en su carácter y atacar con benevolencia a los que yerran. Por esto, no es preciso corregir ásperamente a los que se niegan ni prohibirles que se defiendan, sino también ayudarles a encontrar excusas convenientes, apartar el motivo peor y proporcionarles uno más tolerable, como Héctor a su hermano:

Infeliz, no está bien que pongas tanta ira en tu corazón,[151]

---

149. Homero, *Ilíada* VI 347.
150. Véanse las notas 37 y 111.
151. Homero, *Ilíada* VI 326.

como si su retirada del combate no fuera una deserción o cobardía, sino un acto de ira. Y Néstor a Agamenón:

Tú cediste a tu magnánimo corazón.[152]

Pues creo que es más discreto «no te diste cuenta», «no ignoraste», que «has cometido injusticia» o «has obrado torpemente», y «no disputes con tu hermano» o «huye de la mujer que te corrompe», que «deja de corromper a la mujer». Pues tal actitud es la que persigue la franqueza que desea curar, pero la que estimula a la acción usa la actitud contraria. Pues, cuando deseamos refrenar a los que van a cometer una falta, alzándose contra un ímpetu fuerte que es traído desde la parte opuesta, o queremos incitar y animar al bien a los que son blandos y perezosos, es necesario transferir lo sucedido a motivos absurdos e inverosímiles. Como Odiseo, en Sófocles, que cuando intenta irritar a Aquiles, no le dice que se irritaba por la comida, sino:

*¿Estás temeroso, porque ves ya
los muros de Troya?*[153]

Y después de esto, otra vez, como Aquiles se enfadara y dijera que iba a zarpar:

*yo sé por qué huyes, no porque eres calumniado,
sino porque está cerca Héctor; es bueno irritarse.*

En efecto, amedrentando al que es animoso y valiente con el reproche de la cobardía, al moderado y virtuoso con el del libertinaje, al

---

152. Homero, *Ilíada* IX 109.
153. Nauck, *Trag. Graec. Frag.: Sófocles*, n.° 141.

liberal y magnánimo con el de la mezquindad y la avaricia, los animan hacia el bien y los apartan del mal. Y así se demuestra que son moderados en las cosas irremediables, teniendo en su franqueza más lástima y compasión que censura, pero siendo vehementes, inexorables y firmes en sus prevenciones contra los yerros cometidos y en sus luchas denodadas con las pasiones. Pues esta es la oportunidad de una buena disposición íntegra y de una verdadera franqueza. Y vemos que los enemigos usan unos contra otros la censura de sus acciones, y, como decía Diógenes, que el que desea salvarse debe tener amigos buenos o enemigos fogosos.[154] En efecto, los unos enseñan, los otros los prueban. Ciertamente, es mejor evitar los errores, obedeciendo a los que aconsejan, que el que yerra se arrepienta por los que hablan mal. Y por eso es necesario ejercitarse en el arte de la franqueza, en la idea de que es la más grande y poderosa medicina en la amistad, que necesita siempre de una oportunidad con buena puntería y de un temperamento moderado.

37

Entonces, puesto que, como se ha dicho, la franqueza es muchas veces dolorosa para quien la cultiva, es necesario imitar a los médicos: cuando hacen un corte, no dejan la parte afectada en su sufrimiento y dolor, sino que la tratan convenientemente con lociones suaves y derraman sobre ella fomentos. Tampoco los que amonestan con agrado se marchan, después de haber arrojado su aspereza y mordacidad, sino que con otras conversaciones y pala-

---

154. Véase más arriba, p. 25, y *Moralia* 82A.

bras moderadas calman y animan, como los escultores allanan y abrillantan las partes de las estatuas golpeadas y cinceladas. Pero el que ha sido herido e irritado con la franqueza, si se le deja agitado, hinchado y quebrado a causa de la ira, será difícil que responda en otra ocasión a una llamada y será inconsolable. Por eso también es preciso que los que amonestan lleven cuidado, sobre todo en estos casos, y no abandonen demasiado pronto ni permitan que algo triste e irritante para sus amigos ponga fin al encuentro y a la conversación.

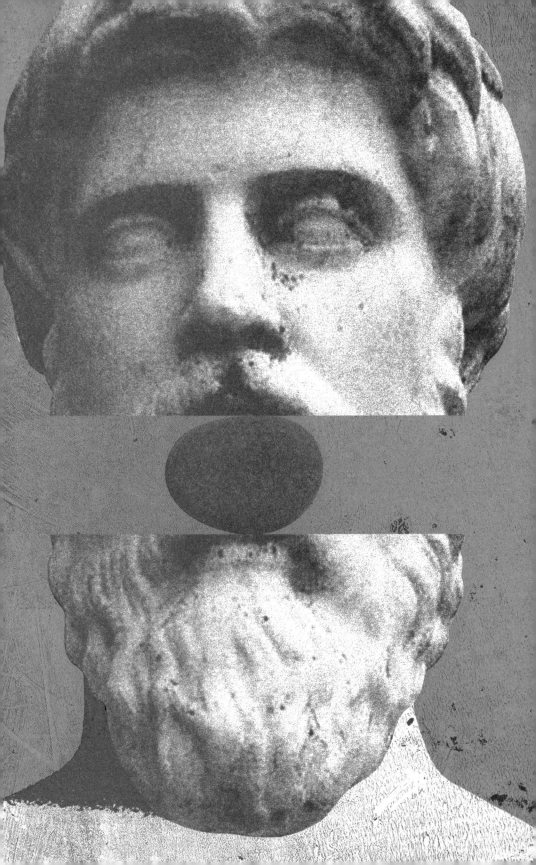

3

SOBRE LA ABUNDANCIA DE AMIGOS

1

A Menón el tésalo, que creía estar bastante ejercitado en el arte del discurso y «frecuentar las cimas de la sabiduría», según el dicho de Empédocles, Sócrates le preguntó qué era la virtud.[1] Aquel contestó, audaz y fácilmente, que hay una virtud del niño, del anciano, del hombre, de la mujer, del magistrado, del simple ciudadano, de la persona privada, del amo y del esclavo. Sócrates dijo: «Muy bien, pues, habiendo sido preguntado por una sola virtud, has levantado un enjambre de virtudes», no conjeturando mal en esto, porque el hombre, que no conocía una sola virtud, nombraba muchas.[2] Entonces, ¿no es verdad que también se podrían burlar de nosotros porque, sin poseer en firme ninguna amistad, temamos caer sin darnos cuenta en una abundancia de amigos? Ciertamente, casi en nada nos diferenciamos de un hombre lisiado y ciego, que temía convertirse en Briareo, el de las cien manos,[3] o en Argos, el que lo

---

1. Platón, *Menon* 71d-e. (Véase también Diels, *Fragmente der Vorsokratiker*, I, p. 225.)

2. Plutarco, *Moralia* 441B.

3. También llamado Egeón (Homero, *Ilíada* I 403), Briareo, uno de los

123

veía todo.[4] Sin embargo, alabamos sobremanera a aquel joven de la comedia de Menandro que decía que «pensaba que todo hombre debe considerar un bien prodigioso el tener la sombra de un amigo».[5]

2

Entre otras muchas cosas, el deseo de la abundancia de amigos, como el unirse muchas veces y con muchas de las mujeres disolutas,[6] es algo opuesto[7] a la adquisición de la amistad, porque no es posible conservar los primeros amigos que se olvidan y pierden. O, mas bien, así como el alumno de Hipsípila, sentándose en el campo, recogía

---

tres hijos de Urano y Gea, fue un monstruo de cincuenta cabezas y cien brazos, liberado por Zeus de la cárcel en la que los había recluido su padre. En agradecimiento, ayudó a Zeus en su lucha contra los Titanes.

4. Argos Panoptes, «el que todo lo ve», fue un monstruo de cien ojos a quien la diosa Hera encargó que vigilara a su doncella Io, a quien había transformado en vaca para esquivar la atracción por ella de su esposo Zeus.

5. *Epiclerus*, en Theodor Kock, *Comicorum atticorum fragmenta* (en adelante: Kock, *Com. Att. Frag.*): fr. 554. (Véase también *Moralia* 479, donde se citan cuatro versos de esta obra.)

6. Luciano, *Toxaris* 37.

7. Siguiendo a F. C. Babbit (Loeb Classical Library Edition, 1927) leemos *enantíon* en lugar de *aitíon* según la versión de Teubner (1959).

una flor tras otra, emprendiendo
la caza de las flores con el alma alegre,
con pueril insaciabilidad,[8]

del mismo modo, a cada uno de nosotros, por amor a la novedad y por hastío, siempre lo más reciente y florido nos seduce y hace que nos ocupemos, a la vez, de muchos principios imperfectos de amistad y conocimiento, y que, por amor a lo que perseguíamos, dejemos atrás lo conquistado. Por tanto, en primer lugar, como por Vesta,[9] empezando por la historia de la vida de hombres que nos ha dejado la tradición acerca de amigos constantes, tomemos al largo y distante tiempo pasado como testigo y consejero a la vez de nuestro discurso, en el que se mencionan algunas parejas de amigos: Teseo y Pirítoo, Aquiles y Patroclo, Orestes y Pílades, Fintias y Damón, Epaminondas y Pelópidas.[10] Pues la amistad es

---

8. Ofeltes, llamado también Arquemoro, hijo de Licurgo, rey de Nemea, murió por una serpiente cuando su nodriza Hipsípila lo dejó en el suelo junto a una fuente, sin tener en cuenta el mandato del oráculo, que había ordenado no depositarlo nunca en el suelo antes de que pudiera andar. (Véase Apolodoro, *Biblioteca* III 6, 4.) El fragmento procede probablemente de la *Hipsípila* de Eurípides. (Véase August Nauck, *Tragicorum Graecorum Fragmenta* —en adelante Nauck, *Trag. Graec. Frag.*—: *Eurípides*, fr. 754, y *Moralia* 661F.)

9. Alusión a la costumbre de los antiguos de colocar a la entrada de las puertas una estatua de Vesta, a la que hacían cada día sacrificios y de ahí el nombre de vestíbulo. Como locución, significa «desde el principio».

10. En efecto se mencionan varias parejas famosas por su amistad: Pirítoo, rey de los lapitas en Tesalia, ayudó a su amigo Teseo, el legendario rey del Ática, en su vano intento por sacar a Perséfone de los Infiernos (Plutarco escribió su vida); Aquiles y Patroclo son los dos grandes héroes

un animal que pace junto a otros; no es como un rebaño, ni vuela en bandada como grajos; y pensar que el amigo es como un yo y llamarlo «compañero», como si dijeras «el otro», no es más que usar el dual como medida de la amistad. Pues no es posible adquirir muchos esclavos ni muchos amigos con poco dinero. Por tanto, ¿con qué dinero se puede comprar la amistad? Con el afecto y la amabilidad unidos a la virtud; nada hay más raro que estos en la naturaleza. Por ello, amar mucho y ser amado no es posible entre muchos, sino que, igual que los ríos al ser divididos en muchos canales y arroyos corren débiles y delgados, del mismo modo el alma, que ha nacido principalmente para amar, al ser dividida entre muchos, se marchita. Por eso también entre los animales el amor a los hijos es más fuerte en los que solo dan a luz cada vez a uno: y Homero llamaba hijo muy amado «al único, nacido en nuestra vejez»,[11] es decir, al nacido de padres que no tienen ni podrán tener otro hijo.

---

de la *Ilíada* homérica; Orestes, hijo de Clitemnestra y Agamenón, rey de Micenas y jefe de los griegos ante Troya, tenía en su primo Pílades, a su amigo por excelencia; Damón se ofreció como rehén a Dionisio el Viejo, a cambio de que su amigo Fintias, que había conspirado contra él, no volviera para sufrir castigo; Epaminondas y Pelópidas, finalmente, son los dos grandes generales de los siglos v-iv a. C., con los que Tebas conoció días de gloria. (Sobre la amistad entre dos personas famosas en la Antigüedad, véase Aristóteles, *Ética a Nicómaco*, 1171a15, y, en general, sobre lo difícil que resulta ser amigo de muchos, *ibidem* y 1156b5.)

11. *Ilíada* IX 482 y *Odisea* XVI 19.

3

Nosotros no creemos conveniente que nuestro amigo sea «único», sino que, entre otros, sea el hijo de nuestra vejez y el último engendrado, el que se ha comido con nosotros, en el transcurso del tiempo, la proverbial fanega de sal,[12] no como la mayoría de los que ahora se llaman amigos, que, porque han bebido juntos una vez, o porque han jugado a la pelota o a los dados, o porque han pasado noches bajo el mismo techo, reúnen amistades del albergue, del gimnasio y del mercado.

En las casas de los ricos y de los gobernantes, la gente, al ver una gran multitud ruidosa de personas que se saludan y se dan la mano, considera felices a los que tienen muchos amigos. Sin embargo, pueden ver más moscas en las cocinas de esas personas, pero ni estas ni aquellos permanecen, una vez que su glotonería o su provecho ha quedado atrás.

Y puesto que la verdadera amistad busca, sobre todo, tres cosas: la virtud como algo bueno, el trato como algo amable y la utilidad como algo necesario, conviene aceptar a uno como amigo habiéndolo juzgado antes, y alegrarse en su compañía y servirse de él, cuando lo necesito. Todas estas cosas son contrarias a la abundancia de amigos, y, sobre todo, lo más importante es de algún modo la lección. En efecto, observa, en primer lugar —si es posible, en un corto espacio de tiempo—, juzgar a bailarines que compiten a la vez, a remeros que reman juntos o a esclavos administradores de nuestras riquezas o que van a ser pedagogos de nuestros hijos, y bastante menos a muchos amigos que se desnudan para compartir con nosotros, en una lucha, cada momento del destino; cada uno de los cuales,

12. Véase *Moralia* 482B, Cicerón, *Sobre la amistad* 19 (67) y Aristóteles, *Ética a Nicómaco* 1156b27.

mientras es feliz, se ofrece voluntariamente y no se disgusta,
compartiendo la suerte del que es desgraciado.[13]

Ni siquiera la nave sacada al mar se encuentra con tan grandes tempestades, ni se ponen vallas protectoras a las fortalezas, ni muros o diques a los puertos, aguardando peligros tan grandes y tan numerosos como aquellos contra los que la amistad, que ha sido probada con la lealtad y la fidelidad, ofrece refugio y ayuda. Pero cuando se demuestra que los que se infiltran en la amistad sin ser sometidos a prueba son como las monedas falsas,

los que se desprenden de ellos se alegran
y los que los tienen desean huir de ellos,[14]

pero es difícil e incómodo huir o escapar de una amistad desagradable. Mas, igual que a una comida nociva y pesada no se la puede retener sin causar pena y dolor, ni expulsarla de la misma forma que entró, sino de forma repugnante, desfigurada y extraña, del mismo modo el amigo malo, o se trata con nosotros causándonos pena y sufriéndola él mismo, o es expulsado como la bilis por la fuerza con enemistad y repugnancia.

---

13. De autor desconocido. (Véase Nauck, *Trag. Graec. Frag.: Adesp.*, fr. 366.)

14. De una obra de Sófocles citada de nuevo en *Moralia* 768E. (Véase Nauck, *Trag. Graec. Frag.: Sofocles,* fr. 779.)

4

Por ello, no conviene acoger fácilmente ni unirse en amistad con los que uno se encuentra casualmente, ni amar a los que buscan nuestra amistad, sino buscar a los que son dignos de ella. Pues no se debe coger, en absoluto, lo que se consigue con facilidad. Y al igual que saltando sobre ellos y rechazando la zarza y el espino que encontramos,[15] caminamos hacia el olivo y la vid, del mismo modo es preciso no admitir como amigo al que nos abraza fácilmente, sino abrazar a aquellos que nosotros mismos creamos que son provechosos y dignos de nuestra atención.

5

En efecto, así como Zeuxis,[16] cuando algunos le acusaban de que pintaba despacio, dijo: «Confieso que necesito mucho tiempo para pintar, pues también es una obra para mucho tiempo», del mismo modo podrás salvar la amistad y el trato íntimo, acogiéndolos contigo, después de haberlos probado durante largo tiempo.

Así pues, ¿no es cierto que es difícil someter a prueba a muchos amigos, pero es fácil tener relaciones con muchos a la vez, o es esto también imposible? Y, en verdad, el disfrute de la amistad es el trato íntimo, y lo más agradable de esto reside en estar siempre juntos y pasar unidos los días y las noches:

---

15. *Moralia* 709E.

16. Junto con Apeles y Parrasio, uno de los grandes pintores griegos.

Pues, vivos, no volveremos a tomar consejos,
sentados lejos de nuestros amigos.[17]

Y Menelao dice sobre Odiseo:

Y ninguna otra cosa nos hubiera podido separar a nosotros dos,
que nos queríamos como amigos y nos divertíamos,
hasta que la negra nube de la muerte nos hubiera envuelto.[18]

En verdad, la llamada abundancia de amigos parece producir lo contrario. La amistad reúne y junta a las personas y las mantiene unidas, estrechando sus contactos por medio de tratos y disposiciones amistosas,

así como el cuajo sujetó la blanca leche y la ató,

como dice Empédocles,[19] pues desea conseguir una unidad y consolidación tales. Pero la amistad con muchos desune, aleja y aparta, porque el constante ir y venir una vez hacia uno y otra vez hacia otro no permite que haya ninguna buena disposición a la unión y el acercamiento íntimos, que se esparcen en derredor y se endurecen.

Esto, al punto, sugiere también desigualdad y confusión acerca de las ayudas, pues las cosas útiles de la amistad se convierten en inútiles a través de la amistad con muchos:

---

17. Homero, *Ilíada* XXIII 77, dirigiéndose a Aquiles el fantasma de Patroclo.

18. Homero, *Odisea* IV 178. (Los dos primeros versos también citados anteriormente, p. 61.)

19. Probablemente adaptada por Empédocles desde Homero, *Ilíada* V 902. (Véase H. Diels, *Die Fragmente der Vorsokratiker,* I, p. 239.)

la preocupación de hombres distintos despierta actitudes distintas.[20]

En efecto, ni nuestras naturalezas tienden hacia las mismas cosas que nuestros impulsos, ni siempre tratamos con los mismos tipos de fortunas, y los momentos oportunos de nuestras acciones, como los vientos, satisfacen a unos y son opuestos a otros.

6

Sin embargo, si todos los amigos desean a la vez las mismas cosas,[21] es difícil satisfacer a todos cuando deliberan o participan en la administración pública o pretenden honores o cuando conceden hospitalidad. Y si al mismo tiempo y a la vez, ocupados en diferentes actividades y experiencias, nos llaman, el uno para viajar al extranjero navegando; el otro, el que está sometido a juicio, para que lo defienda; el que juzga para que juzgue con él; el que vende o compra para que le ayude en la administración; el que se casa para que lo celebre con él, y el que realiza un entierro para que llore juntamente con él,

> *y la ciudad está llena de incienso;*
> *y de peanes y de lamentos*[22]

---

20. Preferimos *állōn* (Loeb) a *állōn* (Teubner). (Bergk, *Poet. Lyr. Gr.,* III, p. 721 y *Adesp.,* 99.)

21. Aristóteles, *Ética a Nicómaco* 1171a3 ss.

22. Sófocles, *Edipo Rey* 4. (Citado también en *Moralia* 169D, 445D y 623C.)

nos encontraremos con la amistad con muchos: es imposible estar con todos y absurdo no estar con ninguno, y es penoso enojarse con muchos por ayudar a uno,

pues nadie que ama se deja con gusto ser abandonado.[23]

Sin embargo, la gente sufre con más tranquilidad las negligencias y las indolencias de los amigos y acepta de ellos sin ira justificaciones tales como: «se me olvidó», «no lo sabía»; pero el que dice: «no pude apoyarte cuando eras juzgado, porque estaba apoyando a otro amigo», y «no te visité, cuando estabas enfermo, pues estaba ocupado en ayudar a uno que daba un banquete a los amigos», poniendo como causa de su negligencia la solicitud por otros, no se libra del reproche, sino que aumenta aún más los motivos de celos. La mayoría de la gente, al parecer, busca solo la abundancia de amigos en relación con las cosas que esta abundancia le puede proporcionar, pero descuida las cosas que ellos le piden a cambio,[24] y no se acuerda de que es necesario que el que usa a muchos para las cosas que necesita, a cambio debe ayudar a muchos cuando lo necesiten.

Así pues, igual que Briareo llevando comida con cien manos a sus cincuenta vientres, no nos aventaja a nosotros que atendemos con dos manos a un solo vientre,[25] del mismo modo hacer uso de muchos amigos lleva consigo servir también a muchos y participar de sus ansiedades, de sus ocupaciones y sufrimientos. Así pues, no se ha de creer a Eurípides cuando dice:

---

23. Verso de Menandro, citado también en *Moralia* 491C. (Véase Kock, *Com. Att. Frag.* III, p. 213.)

24. Aceptamos aquí la lectura de F. C. Babbitt de la Loeb: *antapaitoûsi* en lugar del *empoieîn,* de dudosa aceptación.

25. Véase nota 3.

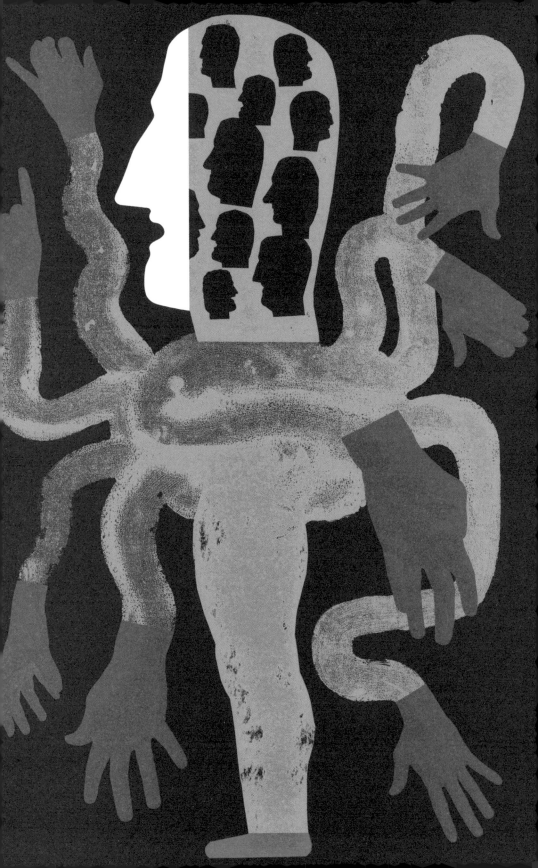

deberían los mortales contraer entre sí
una amistad moderada y que no
llegara a la médula mas íntima del alma;
y los encantos del pensamiento deberían ser
fáciles de deshacer, de expulsar o consolidar,[26]

como la bolita de una nave, aflojando y estirando la amistad de acuerdo a las necesidades. Pero, oh Eurípides, pasemos esto a las enemistades y pidamos que los desacuerdos se realicen con moderación, y que no lleguen a la médula mas íntima del alma y sean fáciles de deshacer los odios, los rencores, las quejas y las sospechas. Y apliquémonos mejor aquella máxima de Pitágoras:[27] «No dar la mano derecha a cualquiera», esto es, no hacer muchos amigos ni recibir cariñosamente una amistad común y muy general y tensarla con más fuerza, si viene acompañada de muchas desgracias, pues no participar de las ansiedades de otros, de sus trabajos y peligros es intolerable para personas libres y nobles. Es verdad el dicho del sabio Quilón, que a uno que le dijo que no tenía ningún enemigo, le respondió: «Parece que tú no tienes ningún amigo».[28] Pues las enemistades siguen inmediatamente a las amistades y se entrelazan con ellas.

---

26. *Hipólito* 253.

27. Véase *Moralia* 12E, en donde se recogen y explican varias alegorías de Pitágoras.

28. Véase más arriba, p. 15, y Aulio Gelio, I 3. Quilón es uno de los Siete Sabios de Grecia.

7

Es imposible para un amigo no compartir las injusticias, deshonras y enemistades del amigo, pues los enemigos de una persona al punto sospechan y odian a los amigos de la misma, y muchas veces los amigos lo envidian, sienten celos y tratan de deshacerse de él. Y lo mismo que el oráculo dado a Timesias acerca de su colonia profetizó:

al punto se te convertirán los enjambres de abejas en avispas,[29]

del mismo modo los que buscan un enjambre de amigos, sin darse cuenta, caen en un avispero de enemigos. Y no tienen el mismo peso el rencor del enemigo y la gratitud del amigo. Mira lo que hizo Alejandro a los amigos y familiares de Filotas y Parmenión, lo que Dionisio hizo a los de Dión, Nerón a los de Plauto y Tiberio a los de Sejano, torturándolos y matándolos.[30] Pues, así como a

---

29. Timesias vivió en torno al 656 a. C. y tuvo gran fama en su patria, donde gobernó con poder absoluto. Cuando se dio cuenta de que no gozaba del beneplácito de sus conciudadanos, se retiró a la Tracia, en donde fundó una colonia. Después quiso construir Abdera, pero fue apresado por los tracios y se cumplió así el oráculo que recoge aquí Plutarco: mientras las abejas suelen ahuyentar a los abejones, las avispas obligarán a las propias abejas a marcharse. (Véase *Moralia* 812A.)

30. Se aúnan aquí ejemplos de castigos: Filotas, hijo de Parmenión, uno de los jefes más brillantes de Alejandro, fue acusado de planear la muerte de este, y por ello castigado delante de su padre el año 330 a. C.; Dión quiso convertir a Dionisio II, tirano de Siracusa, en el rey filósofo, siguiendo las doctrinas de Platón, pero el monarca pensó que lo quería suplantar en el trono y lo envió al exilio; por semejantes razones mandó

Creonte no le sirvieron de nada el peplo y el oro de su hija cuando el fuego que ardió súbitamente lo quemó y destruyó juntamente mientras corría hacia ella y la abrazaba,[31] del mismo modo algunos, sin haber gozado de los amigos, mientras eran felices perecen con ellos cuando fracasan. Y esto les sucede, sobre todo, a los cariñosos y amables, como Teseo con Pirítoo, mientras era atormentado y estaba prisionero:

está atado con los grillos del honor, no fraguados con metal.[32]

Y Tucídides afirma que, en la peste, los que tenían mayores pretensiones de virtud perecían con sus amigos que estaban enfermos, pues no se cuidaban de ellos mismos cuando iban a visitar a sus amigos.[33]

Nerón matar a Rubelio Plauto, nieto del emperador Tiberio (véase Tácito, *Anales* XIV 57 ss., y Dión Casio, LXII 14); Elio Sejano era jefe de las tropas pretorianas del emperador Tiberio y su confidente, hasta que Tiberio sospechó de él y lo mandó ejecutar con otros muchos de sus amigos (véase Tácito, *Anales* V 7 ss., y Dión Casio, LVIII 11-12).

31. Creonte prometió a su hija Creusa a Japón, después de repudiar a Medea, cuyos celos le hicieron tomar una terrible venganza, venganza que Plutarco menciona aquí parcialmente. (Véase Eurípides, *Medea* 1136 ss.)

32. Probablemente de la obra de Eurípides, *Pirítoo,* citada también por Plutarco en *Moralia* 482A, 533A y 763F. (Véase Nauck, *Trag. Graec. Frag.: Eurípides,* fr. 595 y fr. 13.)

33. II 51, en donde relata Tucídides la peste que asoló al Ática en el segundo año de la Guerra del Peloponeso.

8

Por eso no es conveniente descuidar de este modo nuestra virtud, uniéndola y entrelazándola unas veces con unos y otras con otros. Más bien conviene que reservemos la participación en ella para los que sean dignos de la misma, esto es, para los que son capaces igualmente de amar y participar; lo que, a su vez, es también, en verdad, el mayor obstáculo de todos para tener muchos amigos, puesto que el principio de la amistad se origina a través de la igualdad. Cuando también los animales salvajes, obligados por la fuerza, se unen a otros distintos de ellos, se inclinan y se resisten, intentando huir los unos de los otros, y, en cambio, con los animales de su propia raza y parientes, se unen con gusto y aceptan la relación plácidamente y con benevolencia, ¿cómo es posible, pues, que surja la amistad entre personas con caracteres distintos, con pasiones diferentes y con vidas que tienen principios diferentes? En verdad, la armonía en las arpas y las liras logra su acorde a través de tonos opuestos, surgiendo la semejanza, de algún modo, con los tonos agudos y los tonos bajos. Pero de estos nuestros acordes y armonías amistosos no debe haber parte alguna diferente, ni anómala ni desigual,[34] sino, a partir de todas las cosas que son iguales, estar de acuerdo en las palabras, consejos, opiniones y sentimientos, como si una sola alma estuviera repartida en varios cuerpos.

---

34. Aceptamos la lectura *ánison* recogida por F. C. Babbitt en la Loeb, más en consonancia con el contexto.

9

Así pues, ¿qué hombre es tan incansable, mutable y adaptable a todos, que pueda asimilarse y acomodarse a muchas personas y no reírse de Teognis cuando aconseja:

aprópiate de la forma de ser del muy hábil pulpo,
que se muestra a la vista semejante a la piedra a la que está adherido?[35]

Sin embargo, los cambios del pulpo no tienen profundidad, sino que suceden en la aparición misma, apoderándose por su densidad y porosidad de las emanaciones de las cosas que se le acercan. Por el contrario, las amistades buscan hacer semejantes los caracteres, las pasiones, las palabras, las ocupaciones y las disposiciones. Sería la tarea de un Proteo[36] no afortunado ni en absoluto virtuoso, sino que por medio de la magia cambiara con frecuencia en el mismo momento de una a otra forma, que leyera con los aficionados a la dialéctica, que rodara en el polvo con los luchadores, que fuera de caza con los aficionados a la caza, que se emborrachara con los borrachines, que solicitara votos con los políticos, que no tuviera un hogar propio de su carácter. Y así como los físicos dicen que la sustancia y la materia sin forma y sin color, que subyacen a las cualidades y que por ellas mismas se cambian, unas veces se queman, otras se liquidan, otras se volatilizan y, de nuevo, otra vez se solidi-

---

35. Versos 215-216, citados también en *Moralia* 916 y 978E. Mantenemos la lectura de la mayoría de los manuscritos de Plutarco: *polýphronos*, frente a *polychróou* («de muchos colores») de F. C. Babbitt (Loeb).

36. Dios griego que poseía el poder de adoptar diversas formas. Podía metamorfosearse no solo en animal, sino en elementos como el agua o el fuego.

fican, del mismo modo, pues, será necesario que a una abundancia de amigos subyazga un alma muy apasionada, muy hábil y flexible y que cambie con facilidad. Pero la amistad busca un carácter estable, sólido y constante en un solo lugar y trato. Por ello, el amigo fiel es raro y difícil de encontrar.

Para el trabajo de ilustración de este libro he tratado de aprovechar y llevar al terreno gráfico algunas alegorías usadas por Plutarco. Para él, por ejemplo, lo mutable, diverso y abundante participan de la adulación o la falsedad, mientras que lo unitario y perdurable participan de la honestidad y la amistad verdadera. La búsqueda de un enfoque abstracto y metafórico me llevó a incorporar algunos elementos fotográficos. De esta manera pretendía que ciertos rasgos alegóricos atribuidos a las cualidades físicas de materiales como la miel o la piedra pudieran trasladarse a aspectos esenciales tratados en el texto. La idea me rondaba por la cabeza desde que comencé a leer la obra, pero fue el descubrimiento del significado de Mérope lo que me hizo tomar esa decisión final. Además de varios personajes femeninos, Mérope significa literalmente «máscara de miel», de modo que representé una rudimentaria máscara melosa para aludir, de manera simbólica, al concepto de adulación.

Asimismo, inspirado por el texto, he tratado de jugar con el equívoco visual y con elementos que pasan desapercibidos en la primera mirada. Por ejemplo los insectos e invertebrados que aparecen en las imágenes hacen referencia a varios de los símiles que usa Plutarco para ilustrarnos, por ejemplo, sobre «Cómo distinguir a un adulador de un amigo» y la dificultad que esta tarea conlleva.

DIEGO MALLO